Success15 fifteen
サクセス15
July 2015
7
http://success.waseda-ac.net/

CONTENTS

早稲田アカデミーイメージキャラクター　駒井 蓮

夏期講習会

7月・8月
実施
中1～中3 受付中
詳細は、パソコン・スマホで
ホームページへGO!

クラス分けテスト　毎週土曜

[小学生] 算・国（小5・小6受験コースは理社も実施）
[中学生] 英・数・国

[時 間] 14:00～ ※学年により終了時間は異なります。
[料 金] 2,000円

この夏、キミは成長する!

- 1学期の総復習ができる!
- 講習会は3ヶ月分の学習量に匹敵!※
- 熱い先生がキミを待っている!

※学年によって異なる場合があります。

早稲アカなら効率よく勉強できる!

- 1クラス平均15～16名の少人数制授業!
- ライバルと一緒、友だちと一緒、だからヤル気が出る!
- 塾での勉強だけでなく家庭学習も徹底管理!

これで2学期からも不安なし!

- 2学期の先取り学習で、気持ちよくスタート!
- ライバル、友だちよりも一歩先へ!
- 夏に身に付けた学習習慣は2学期にも活きる!

無料体験クーポン配信中!

パソコン・スマホから
2週間無料体験クーポンをゲット!

ホームページ・スマホサイトへ今すぐアクセス!!

ホームページ・スマホサイトの申し込みフォームからメールを送ると無料体験クーポンが返信されます。ご希望の校舎の事務受付でそのクーポンをご提示ください。
※無料体験クーポン使用期限：2015年7月18日

ホームページからアクセス
http://www.waseda-ac.co.jp
または
早稲田アカデミー　検索
今すぐアクセス

今だけ 2大特典　キャンペーン

特典1 お問い合わせ者全員に!
早稲田アカデミーオリジナル
「クリアフォルダ」プレゼント!!

7/31(金)までにお問い合わせ頂いた方全員に「早稲アカ　オリジナルクリアフォルダ(2枚組)」をプレゼント致します。

特典2 入塾手続きをされた方全員に!
早稲田アカデミーオリジナル
「わせあかぐまペン（4色のうち1本）」&「ペンケースセット（ブラックまたはホワイト）」プレゼント!!

7/31(金)までに入塾手続きをされた方全員に「わせあかぐまペン」(4色のうち1本)と「ペンケースセット」(ブラックまたはホワイト)をプレゼント致します。

お申し込み、お問い合わせは最寄りの早稲田アカデミー各校舎または
本部教務部 03(5954)1731 まで。 早稲田アカデミー　検索　http://www.waseda-ac.co.jp

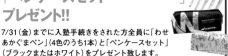

The best for your dreams.
感動
The best for your dreams.
本気の夢へ
走り出せ!
情熱
信念
パンフレットお送りします!
●夏期講習会の詳細はお気軽にお問い合わせください。
夏期講習会
一流中学 高校受験
早稲田アカデミー

志望校を見つけるために

参加しよう 学校説明会 etc

高校受験において、とても大切なことの1つが「学校選び」です。志望校がなければ受験もできません。とはいえ、数ある学校のなかから志望校を選ぶのは簡単ではありません。

そんな学校選びにおいて、各校が行う学校説明会、学校見学会、授業見学会、オープンスクールといったイベントに参加することが、みなさんの大きな助けとなることでしょう。

こうした各種イベントがどんなふうに行われており、また、参加した際にはどんなことに気をつければいいのかをご紹介します。

11ページには首都圏難関校の学校説明会等の日程を掲載していますので、そちらも参考にしてください。

PART 1

学校説明会に行ってみよう

最もポピュラーな学校紹介のイベントが学校説明会でしょう。難関校などでは、学校説明会しか行わないところもあります。少しでも受験を考えている学校については、必ず参加しましょう。

学校説明会の大きなメリットは、学校案内やホームページには掲載されていない情報を手にすることができることです。先生方や、ときには在校生から学校についてのさまざまな情報を受け取ることができます。

とはいえ、そういった説明会であれば、保護者が参加すれば十分では、と考えている受験生もいるかもしれません。

しかし、とくにオープンキャンパスなどの参加型を設けていない学校については、実際にその学校を訪れて色々と目にする機会があるのは学校説明会しかありません。土日祝日に開催されているものがほとんどですから、できるだけ受験生本人も参加することをおすすめします。

参加した際には、在校生や先生方の雰囲気を肌に感じてみましょう。彼、彼女らのなにげない行動や言動、会話から、その学校の様子が伝わってきます。

予約の要不要はしっかりチェック

ある学校の学校説明会に行くことを決めたら、次は予約の要不要を必ず確認しましょう。予約の必要がなく、当日学校に行けば参加できるところもありますが、要予約の学校もあります。予約の仕方もホームページから可能の学校もあれば、電話やＦＡＸ、はがきで予約しなければならない学校もあるので、この点も注意が必要です。行こうと思っていたのに、当日になって予約をしておらず参加できなかった、という事態は避けたいものです。

また、持ちものの確認も忘れずに。当日に気づいたことなどをメモするための筆記用具はもちろん、学校によっては上履きが必要な学校もあります。その場合は、外靴を入れる袋も持っていくようにしましょう。

これからご紹介するすべてのイベントに共通することですが、こうした機会に通学路や交通機関の経路を直に確かめることも重要です。

親子で参加した際には、終わったあとにその日の感想を話しあってみましょう。高校の3年間を通うことになるかもしれない学校です。いくら偏差値や大学合格実績がよくても、まったく合わない学校に入ってしまったら、その後の高校生活もうまくいかないでしょう。先生方や在校生の話から受けた印象や雰囲気、また施設・環境などについてしっかり話しあうことが、よりよい学校選びにつながります。

PART 2

学校・授業見学会に行ってみよう

学校見学会は、文字通り学校のなかを見学することができるイベントです。授業見学会は、実際に行われている授業を見学することができます。学校見学会のなかに授業見学が組み込まれている場合もあります。

大きく分けると、学校見学会には2つのタイプがあります。

1つは日時が決まっており、当日集まった参加者をいくつかのグループに分け、先生や在校生が学校内を案内してくれるというものです。

もう1つは、個別に行われるもので、先生に学校を案内してもらいます。ただ、こちらは、大勢が参加する場合と違い、予約が必要なものが大半で、また、どこの学校でも行われているわけではありませんので、学校に直接問い合わせてみるのがいいでしょう。

学校見学会では、施設・環境の見学をしっかりと行いましょう。チェックポイントは

・**一般教室**…清潔かどうか、1人ひとりのスペースはどれぐらいあるか、ロッカーや個人で使う棚が整理されているか、掲示物などが古くないかを確認しましょう。机や黒板などは、古くてもきちんと手入れされていれば問題ありません。

・**特別教室**…理科系の実験室や、コンピューター教室といった授業で用途に応じて使われる教室。見学できる場合は、備えつけられている設備とともに、これを使ってどんな授業が行われているか、といった部分の確認をしましょう。

・**図書室**…興味・関心がある本を借りると同時に、自習室としても使われることが多い場所です。可能であれば、休憩時間にどれぐらいの生徒が利用しているかも見てみましょう。

・**食堂**…清潔さやメニュー、どれぐらいの人が利用しているかをチェックできるといいでしょう。開館時間も聞いておきましょう。

・**体育系施設**…体育館やグラウンドなど、体育の授業や各部活動で利用する施設は、とくに高校で部活動をしようと考えている人は、充実度などをチェックしましょう。

・**その他**…廊下やエントランス、フリースペースなどは見落としがちですが、掲示物などから学校の雰囲気がわかることもあります。

授業見学会で見るべきこと

実際に授業の様子を見学できる授業見学会では、先生方がどのように授業を進めているのかを見るのと同時に、在校生がどういった態度で授業に臨んでいるかも注意深く観察しましょう。

休み時間や放課後の様子も見てみて、そうした時間の雰囲気も感じられるとさらにいいでしょう。

PART 3

オープンスクールに行ってみよう

受験生とその保護者に向けて、学校全体でさまざまな催しを行うのがオープンスクールです。説明会、見学会、体験授業、入試問題解説、部活動体験などが行われ、学校によって個性があります。

すべての学校が実施しているわけではありませんが、受験を考えている学校が行っているのであれば、オープンスクールはできる限り参加したいイベントです。

学校全体で先生方や在校生の多くがかかわり、学校説明会、授業見学、入試問題解説、部活動体験などに参加できます。学校によっては20を超える数のイベントを用意している場合もあります。

これまでにご紹介した学校説明会が柱として用意され、足を運んでみなければ手に入らない情報を得られるのはもちろんのこと、授業が見学できたり、色々な教科の授業を体験できたりします。理科の実験などは中学までとはひと味違ったものが見られることも多く、目の前で在校生がイキイキと動き回る姿を見ることができるでしょう。

また、前年の実際の入試問題をもとに、解説会が行われる学校もあります。先生方が解説してくれるので、具体的で有意義なものになります。

部活動体験も、高校入学後に部活動を考えている人は、ぜひ参加しましょう。入学した際に先輩となる人たちと触れあえると同時に、それぞれの部の雰囲気も伝わってくるでしょう。

在校生が校内ツアーを実施している場合もあります。彼、彼女らが自分自身の口で校内を案内してくれるのですから、受験生にとってはより身近にその学校のことが感じられます。

オープンスクールに参加して感じたことが、これから先、受験勉強でうまくいかなかったり、苦しくなったときに大きなモチベーションになるかもしれません。

こうしたイベントの多くは予約制（定員が決まっていることも）ですから、早めに予約をするようにしましょう。事前の確認を怠ったために参加できなかった、ということにならないよう注意しましょう。

趣向を凝らす各校

そのほかにも、食堂で実際に出されているメニューや給食を食べることができたり、スタンプラリーがあったりと、各校は趣向を凝らしてオープンスクールを開催しています。

それもこれも、自分たちの学校のよさをみなさんに知ってもらいたいがためです。その結果、学校ごとにカラーが出てきますから、志望校選びの大きな参考になることでしょう。

PART 4

体育祭・文化祭に行ってみよう

学校行事にも各校の特徴はよく表れますが、一般には公開されていないものがほとんどです。そのなかで体育祭や文化祭は、比較的公開されていることが多く、たくさんの志望者が観覧に訪れます。

数ある学校行事のなかでも、とくに生徒主体で運営されることが多い体育祭や文化祭。さらにこの2つはほかの行事と比べると、一般に公開されることが多いイベントです。

学校選びの過程では、体育祭や文化祭が決め手になったという声もよく聞かれます。

迫力や独創性が伝わる体育祭

体育祭は、各競技で懸命に競いあう在校生を目の前で見ることができます。男子校であれ、女子校であれ、共学校であれ、その迫力に圧倒されることでしょう。

また、多くの学校で1つの名物になるのが応援合戦です。応援団長を中心に、チームごとに創作ダンスを踊ったり、仮装をしたり、さらには山車《だし》を作ったりする学校もあって、非常に個性的です。大人も驚くようなレベルのものもありますから、中学生にとってはとても印象深い思い出になるでしょう。

全生徒が一丸となる文化祭

文化祭は、模擬店（飲食など）や舞台でのパフォーマンス、校舎内での展示など、多種多様な出しものが学校内のいたるところにあり、ほとんどの学校で2日間にわたって行われます。

全生徒が一丸となって、クラス、部活動、学年、有志といったいくつかのくくりで文化祭に向けた出しものが用意されます。その割合が学校によってかなり違ってくるので、文化祭は学校のカラーが反映されやすい行事といえます。

また、公開されていることが体育祭よりも多く、参加しやすいという利点もあります。

学校内を回ることができるので、文化祭を楽しみながら、学校見学をすることもできます。

さらに、文化祭当日に、入試相談コーナーが設けられている学校もあります。入試担当の先生が入試のことや、学校生活のことなど、気になったことの相談に応じてくれます。在校生と話ができるときもあり、そうしたときは、より具体的な生活内容などを聞けるかもしれません。

文化祭での入試相談コーナーは、実施時間が限られていたり、実施しているとしても2日のうちの1日だけ、ということもありますので、事前に確認しておきましょう。

2015年度実施 首都圏難関高校 学校説明会等一覧(抜粋)

所在	学校名	行事内容	開催日	開催時間	予約	備考
国立						
東京	お茶の水女子大学附属	学校説明会	9月20日(日)	9:20	不	文化祭同日開催
	筑波大学附属駒場	学校説明会	10月11日(日)		要	
	筑波大学附属	学校見学	6月24日(水)	16:00	要	
			7月1日(水)	16:00	要	
		学校説明会	8月29日(土)		要	午前・午後の2回実施
			10月10日(土)		要	
	東京学芸大学附属	夏の学校説明会	7月29日(水)			
		秋の学校説明会	10月10日(土)			
			10月11日(日)			
公立						
東京	都立西	中学生対象 入試説明会	7月4日(土)	10:00	要	
				14:00	要	
		夏の 学校見学会	7月27日(月)～ 31日(金)、 8月10日(月)～ 14日(金)	10:00	要	
		学校説明会	10月3日(土)	8:40	要	
				10:40	要	
				12:40	要	
				14:40	要	
			11月21日(土)	10:00	要	
				14:00	要	
			12月12日(土)	10:00	要	
				14:00	要	
	都立日比谷	学校見学会	7月18日(土)	9:30	不	星陵会館
				11:00	不	星陵会館
				13:00	不	星陵会館
				14:30	不	星陵会館
			8月7日(金)	9:30	不	星陵会館
				11:00	不	星陵会館
			8月13日(木)	9:30	不	星陵会館
				11:00	不	星陵会館
				13:00	不	星陵会館
				14:30	不	星陵会館
		星陵祭	9月19日(土)	10:00	不	入試相談 コーナーあり
			9月20日(日)	10:00	不	
		学校説明会	10月3日(土)	9:30	不	星陵会館
				11:00	不	星陵会館
				13:00	不	星陵会館
				14:30	不	星陵会館
			11月7日(土)	9:30	不	星陵会館
				11:00	不	星陵会館
			3月26日(土)	10:00	不	星陵会館
		入学相談会	12月5日(土)	13:00	不	
			12月12日(土)	13:00	不	
神奈川	県立湘南	学校説明会	8月1日(土)			
			8月5日(水)			
			10月3日(土)			
			11月7日(土)			
		体育祭	9月19日(土)			
	県立横浜翠嵐	学校説明会	7月28日(火)		要	
			9月26日(土)		要	
		夏季休業中の 学校見学	8月上・中旬			
		体育祭	9月12日(土)			予備日13日(日)
		学校へ行こう週間	10月			
		学校見学会	11月14日(土)		要	
			12月12日(土)		要	
千葉	県立千葉	学校説明会	7月22日(水)	10:00	不	第2・4・6学区対象
			7月23日(木)	10:00	不	第7・9学区対象
			7月24日(金)	10:00	不	第1学区対象

所在	学校名	行事内容	開催日	開催時間	予約	備考
公立						
千葉	県立船橋	学校説明会	8月25日(火)		要	中学校から予約
			8月26日(水)		要	中学校から予約
		授業公開	8月29日(土)	10:00	要	船橋市外の中3対象
			9月12日(土)	10:00	要	船橋市内の中3対象
			9月26日(土)	10:00	要	船橋市外の中3対象
			10月10日(土)	10:00	要	船橋市内の中3対象
			10月24日(土)	10:00	要	船橋市外の中3対象
			11月7日(土)	10:00	要	中3対象
			11月28日(土)	10:00	要	中3対象
			1月9日(土)	10:00	要	中2対象
			1月23日(土)	10:00	要	中2対象
埼玉	県立浦和	土曜 公開授業	6月27日(土)		要	
			9月26日(土)		要	
			10月24日(土)		要	
			11月7日(土)		要	
		教育活動 説明会	8月30日(日)	10:00	要	埼玉会館
			10月24日(土)	14:00	要	
茨城	県立土浦第一	学校説明会	8月3日(月)～6日(木)		要	
私立						
東京	開成	学校説明会	10月25日(日)	9:30	要	
	慶應義塾女子	学校説明会	9月26日(土)	9:30	不	
				11:30	不	
	桐朋	学校説明会	10月3日(土)	14:00	不	プラネタリウム上映あり
			12月5日(土)	14:00	不	プラネタリウム上映あり
	豊島岡女子学園	豊島岡生による 学校紹介	9月12日(土)	9:30	要	
				13:00	要	
		学校説明会	10月17日(土)	10:00	不	
			11月21日(土)	10:00	不	
	早稲田実業学校	オープンスクール	7月11日(土)	10:00	不	
		高等部体育祭	9月29日(火)	9:00	不	
		文化祭	10月3日(土)	10:00	不	
			10月4日(日)	10:00	不	
		学校説明会(推薦)	10月17日(土)	14:00	不	
		学校説明会(一般)	10月24日(土)	14:00	不	
			10月25日(日)	14:00	不	
	早稲田大学高等学院	学校説明会	9月20日(日)	14:00	不	
			9月21日(月祝)	10:00	不	
			11月22日(日)	14:00	不	
		学院祭	10月10日(土)	10:00	不	
			10月11日(日)	10:00	不	
		学芸発表会	11月14日(土)	9:00		
神奈川	慶應義塾	学校説明会	10月17日(土)			
			11月7日(土)			
	慶應義塾湘南藤沢	学校説明会	7月11日(土)	14:00	要	
			8月4日(火)	14:00	要	
			9月19日(土)	14:00	要	
			10月24日(土)	14:00	要	
		文化祭	11月14日(土)			学校説明会あり
			11月15日(日)			
千葉	市川	スクールツアー	6月～11月	備考	要	月曜14:30　土曜10:00
		学校説明会	8月29日(土)	10:00	要	
			10月25日(日)	10:00	要	
			11月29日(日)	10:00	要	
	渋谷教育学園幕張	槐祭(文化祭)	9月13日(日)	9:00	不	
		入試説明会	11月8日(日)	9:30	不	
埼玉	慶應義塾志木	学校説明会(1回目)	11月1日(日)			質疑応答 コーナーあり
		学校説明会(2回目)	11月1日(日)			
	早稲田大学 本庄高等学院	学校説明会	7月11日(土)			
			9月26日(土)			
			11月8日(日)			

2015年5月22日現在判明分。中学生対象のものを掲載。空欄は現時点未発表を意味します(開催時間・予約欄)。詳細は各校にお問い合わせください。

MEISEI

世界の星を育てます

「和の精神のもと、世界に貢献する人を育成」します

学校説明会

第1回　9月12日(土)　14:00～　[MGS新設！ ～新しい明星～]

第2回　10月　3日(土)　14:00～　[生徒が作る説明会]

第3回　11月14日(土)　14:00～　[部活動相談]

第4回　11月21日(土)　14:00～　[卒業生ディスカッション]

第5回　11月28日(土)　14:00～　[入試対策・個別相談会]

第6回　12月　6日(日)　10:00～　[個別相談会]

※予約不要

オープンキャンパス

第1回　7月19日(日)

第2回　8月29日(土)

第3回　8月30日(日)

9:00～15:00

※予約不要

明星祭／受験相談室

9月26日(土)・27日(日)

9:00～15:00

※予約不要

体験授業・体験入部

体験授業　8月29日(土)

体験入部　8月30日(日)

※中学3年生対象、要予約

※詳細は1ヶ月前よりホームページでお知らせいたします。

学校見学

月～金曜日　9:00～16:00

土曜日　9:00～14:00

※日曜・祝日はお休みです。

※事前にご予約のうえご来校ください。

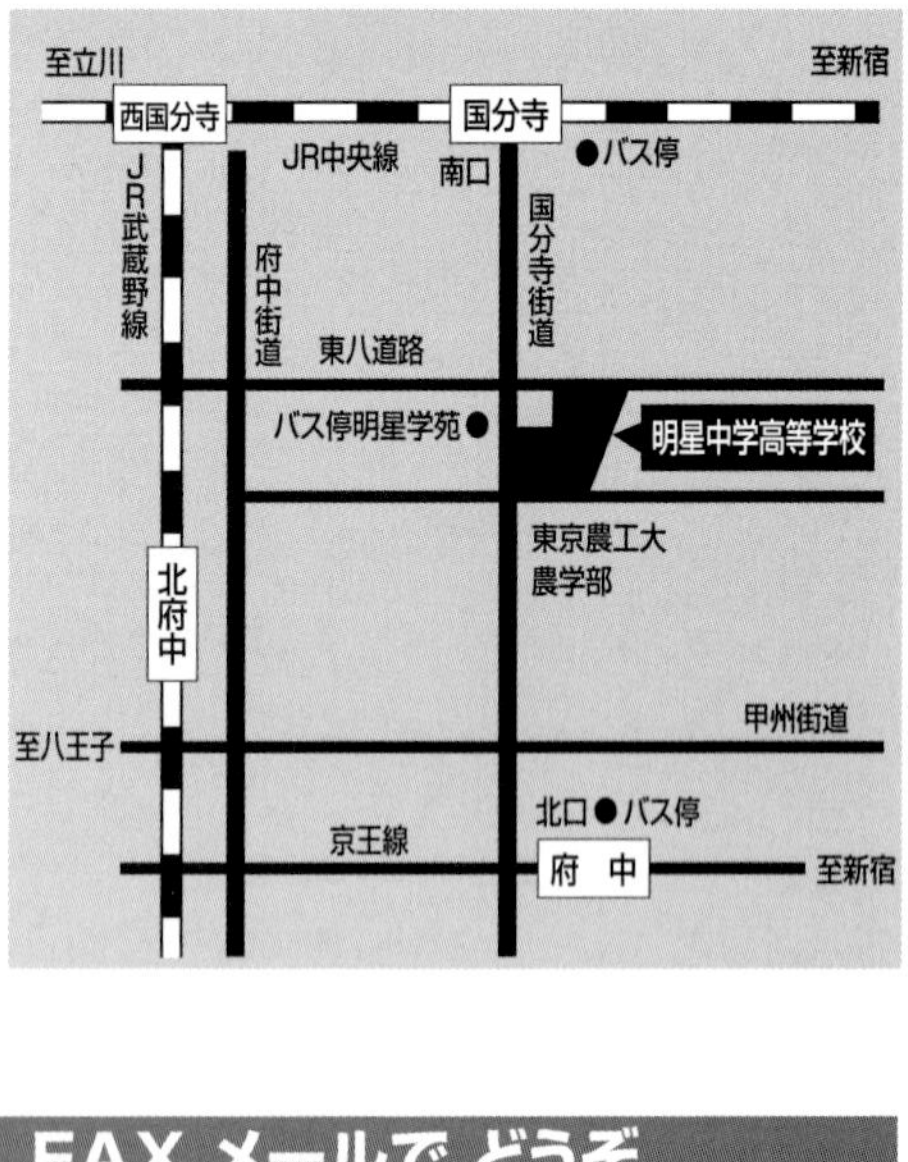

ご予約、お問い合わせは入学広報室まで　TEL.FAX.メールで どうぞ

明星高等学校

MEISEI

〒183-8531　東京都府中市栄町１－１　入学広報室

TEL 042-368-5201(直通)　FAX 042-368-5872(直通)

(ホームページ)　http://www.meisei.ac.jp/hs/

(E-mail)　pass@pr.meisei.ac.jp

交通／京王線「府中駅」 ┐ より徒歩約２０分

ＪＲ中央線／西武線「国分寺駅」┘ またはバス(両駅とも２番乗場)約７分「明星学苑」下車

ＪＲ武蔵野線「北府中駅」より徒歩約15分

中学生のための 手帳活用術

みなさん、手帳を使ったことはありますか？　使ってみたいなと思っていても、どう使えばいいのかわからない人も多いのではないでしょうか。手帳は、スケジュール管理ができるだけでなく、自己管理能力も身につけられ、受験勉強にも役立つ優れものです。今回は、中高生を対象にした「手帳甲子園」などを主催している株式会社NOLTYプランナーズの方に、中学生のみなさんにおすすめの手帳の選び方から使い方までを教えてもらいました。

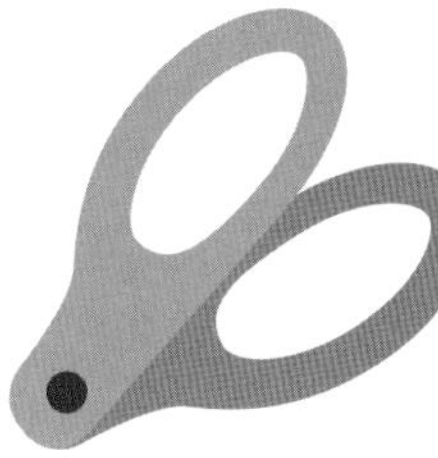

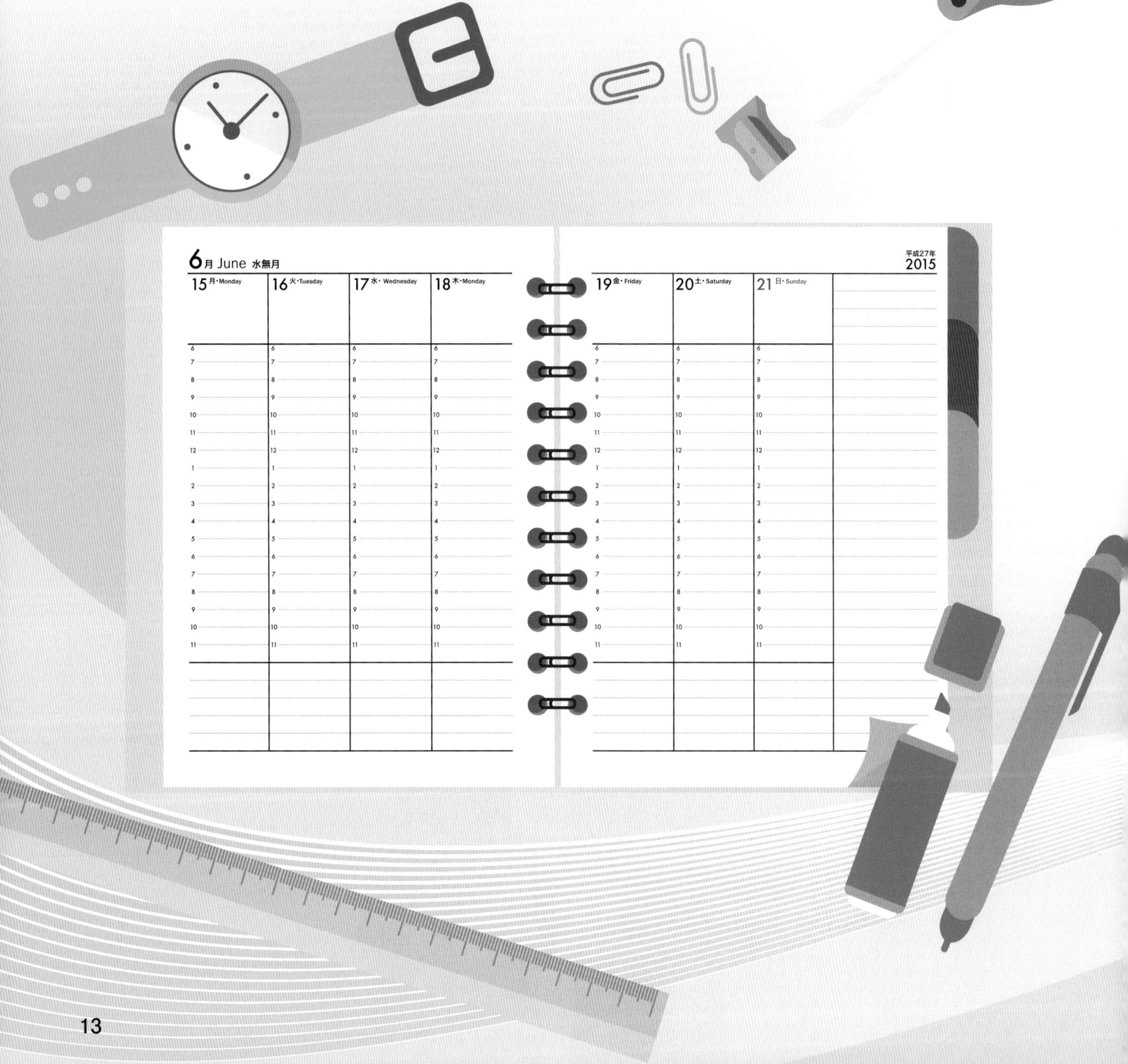

手帳を選ぶコツ

「手帳」とひと口に言っても、サイズやレイアウトなどによって使い心地はさまざま。まずは、中学生のみなさんが使いやすいのはどんな手帳なのかご紹介します。

【サイズ】ポケットに入るような小さなものや、ノートほどの大きさのものなどがありますが、小さいサイズよりも大きいサイズの方が書き込みやすいので、初めて使うなら**B6サイズ以上**のものがおすすめです。

【レイアウト】見開いたときのレイアウトの種類はおもに、デイリー（1日）、**ウィークリー**（週間）、マンスリー（月間）の3種類。ウィークリーは、さらにいくつかのタイプに分けられます。例えば、左側が日付と時間目盛り、右側がメモページになっている「レフトタイプ」、日記帳のように日付とメモ欄が組み合わさっている「メモタイプ」などです。なかでもおすすめは、左ページに掲載している**「バーチカルタイプ」**。縦軸に時間目盛りが入っていて、時間の流れがぱっとわかるので、毎日の時間管理に適しています。欄外にメモスペースがあると、そこを活用できるのでなおいいでしょう。

【スタート時期】1月はじまりの手帳が数多く売られていますが、みなさんにぴったりなのは新たな学年がスタートする**4月はじまり**です。

【表紙デザイン】時間管理をしっかりしたいという目的があるなら、やはり中身で選ぶべきです。気に入った表紙デザインのものがなければ、あえて**シンプルなデザイン**のものを購入して、自分好みにデコレーションするのもいいかもしれません。

手帳を使うコツ

最初は手帳を毎日つけることを習慣にするのも難しいもの。ステップ1が身についたらステップ2へ…というように、3つのステップを順番にたどっていくことで、徐々に習慣を身につけていきましょう。

書き込む色は、黒1色でもカラフルでも、自分の好みでOKです。しかし、手帳を彩ることに夢中になってそこに時間をかけてしまっては本末転倒です。色を使うのであれば教科で色分けをするなど、自分のなかでルールを決めておきましょう。

【ステップ1】手帳は先の予定を管理するものというイメージがありますが、まずは自分が**時間をどう使っているのか**を記録していきます。その日なにを勉強したのか、ご飯やお風呂にどれくらいの時間がかかっているのかなどを書き込んでいくことで**「時間を見える化」**します。そうすると、意外と自由に使える時間が少ないことや、ぼーっとしていてなにをしていたか記憶にない時間があることに気づけます。

【ステップ2】時間の使い方を把握できるようになったら、今度は部活動やテストなどの**決まっている予定**を書き込みます。それに加えて、**1週間の目標**と、目標を達成するための**課題**を書きだします。バーチカルタイプの手帳であれば空き時間がひと目でわかるので、やらなければならない課題を空き時間に予定として入れ込んでいきます。

【ステップ3】ステップ1、2が身についたら**1週間の振り返り**をしていきます。できなかったことの反省だけではなく、できたこともきちんと振り返ることが重要です。この振り返りをふまえて、来週の目標や予定を立てていきましょう。そうすることで受験勉強にも効率よく取り組むことができるようになるでしょう。

★お話を伺ったNOLTYプランナーズが開発した、手帳を使うポイントが網羅されている中高生向け手帳「スコラ」は、NOLTY通販サイト（http://shop.jmam.co.jp/index.html）で個人購入できます。

手帳はどんな職業に就いたとしても必要とされる自己管理能力を身につけるのに最適です。手帳の使い方をマスターすることは、社会人へのスタートを早々と切ることにつながります。また、限られた時間を有効に使えば、勉強や部活動を両立しながら、充実した学校生活を送ることができると思います。手帳を活用して、学生時代にしか味わえないことを楽しんでもらいたいです。

手帳を書いているときはただの記録だと思っていたとしても、あとから手帳を見返すと、その時期に自分がどんなことをしていたのか思い出として振り返ることができますし、自分がなにをどれだけ頑張ったかという証にもなります。書き文字もだんだんと変わってくるので、それを見るのも楽しいですよ。

スコラを手にした（株）NOLTY プランナーズの田村素子さん（左）、戸口有莉さん（右）

実用例

6月 June 水無月　　平成27年 2015

15 月・Monday

- A 絵の具
- B 英単語5コ／数・問題集P50〜55
- C ⑥
- 7 朝食・準備
- 8 HR
- D 9 社　公民とは ◎
- 10 英　call make の用法 ◎
- 11 理　宇宙 ○
- 12 昼食
- 1 美　絵 △
- 2 数　二次関数 △
- 3〜5 部活𝄞
- 5〜6 英　テスト勉強
- 夕食
- 7 テレビ
- 8〜10 数　復習・問題集
- 10 お風呂
- C ⑪
- E 数学に時間がかかって英語のテスト勉強があまりできなかった。英・60分、数・120分

16 火・Tuesday

- 体操服
- 英単語5コ／国　漢字
- ⑥
- 7 朝食・準備
- 8 HR
- 9 英　テスト △
- 10 数　二次関数 ◎
- 11 国　古典 ○
- 12 昼食
- 1 社　人権 ◎
- 2 体　マラソン ×
- 3 音　合唱 ◎
- 4〜7 塾
- 夕食
- お風呂
- 9 塾の宿題　国・数
- ⑩
- 11
- 昨日、しっかり復習したから、今日の数学は◎ マラソンは苦手…。もう少し体力をつけなきゃ。

17 水・Wednesday

- 英単語8コ／理・社の基本用語
- ⑥
- 7 朝食・準備
- 8 HR
- 9 数　相似 ◎
- 10 技　情報 ○
- 11 理　実験 ◎
- 12 昼食
- 1 英　長文 ○
- 2 国　漢字小テスト ○
- 3〜5 部活𝄞
- 5〜7 塾
- 夕食
- 8〜10 塾の宿題
- 10 お風呂
- ⑪ 理・社
- 塾の宿題でわからないところがあったから明日先生に聞く! 理＋社・30分

20 土・Saturday

- ⑥
- 7 朝食・準備
- 8〜11 部活𝄞
- 11〜1 昼食
- 1〜3 母と映画
- 3〜7 塾　自習室　国・数・英
- 夕食
- 8 テレビ
- お風呂
- 10 読書
- ⑪
- テレビをダラダラと見てしまった。部活は演奏がそろってきた。

21 日・Sunday

本返却・1週間の復習

F

予定	実際
⑦ 朝食	⑧ 朝食
部屋の片づけ	
宿題	宿題
昼食	昼食
復習	復習
図書館	予習
	図書館
夕食	夕食
お風呂	お風呂
予習	読書
⑩	⑪

朝起きれなかった。部屋の片づけは来週にしよう。

週のメモ

期末テストまで○日!! G
夏の大会まで○日!!

H
・塾の宿題、苦手な数学の復習はその日のうちに終わらせる
・英単語を毎日5コ覚える
𝄞 気持ちを込めて演奏する

↓

I
苦手な数学に時間をかけたら、ほかの教科の復習に時間が取れなかった。
𝄞 先生に誉められた。夏の大会まで頑張るぞ!

↓

授業に集中して臨んで、◎が増えるようにする!
学校に行く前に少し時間があるから、有効活用できるように考える。

J
苦手な科目の復習にもしっかりと取り組んでいるようですね。日々の積み重ねが大事なので頑張りましょう。

ポイント

A 持ち物や提出物を忘れないためにメモしておく。

B その日の課題を書く。達成できた課題と達成できなかった課題にそれぞれ○や△などの印をつけておけば、次の日の目標も立てやすい。

C 起床・就寝時間に○をつける。○の位置をほかの日と比べることで、毎日同じ時間に起床・就寝できているかどうか一目でわかるよ。規則正しい生活を心がけよう。

D 授業で学んだ内容を書く。理解度に応じて◎○△などの記号をつけておくと、復習にかける時間の参考になる。

E 1日をどう過ごしたか振り返って翌日につなげよう。科目ごとに家で勉強した合計時間を書くのもおすすめ。

F 学校がない日は、時間を有効に使えるようにあらかじめ予定を立ててみよう。真ん中で区切って、左に予定、右に実際の行動を書くと、改善点が見えてくるはず。

G テストや大会など、身近な行事を書いておく。それに向けた目標を立てよう。

H 週の始まりに勉強や部活動の今週の目標を立てる。目標を達成するために、いつ、なにをするか具体的に計画を立て実行に移そう。

I 1週間を振り返って、できたこと、できなかったことを書く。目標を達成できなかった場合はどう改善したらいいかを考えてみよう。

J 手帳を使い続ける自信がない場合は、保護者や友だちに見てもらってコメントをもらうのがおすすめ。

東大への架け橋

VOL.4

text by ゆっぴー

定期試験では満点をめざしてみよう

1学期も終盤にさしかかり、そろそろ期末テストの足音が近づいてくるころでしょうか。1年生にとっては初めての期末テスト、そして受験を控えた3年生にとっては内申のための重要なテストになるかと思います。そこで今回は、私なりの定期試験必勝法をお話ししたいと思います。

　みなさんは定期テストにどんな心がまえで臨んでいますか？　私は、中学生のころ「全科目満点」をめざしていました。満点にこだわったのは、「満点」＝「その科目のその範囲は完璧！」という証で、これを積み重ねればどんなに難しい学校でも行けると考えたからです。みなさんのなかには、「学校のテストなんて簡単だし、そこそこ点数が取れればいいんじゃない？」という人もいるかもしれませんが、私は「100点と99点は全然違う」と思います。数字で見ればたった1点の差でも、入試ではこの1点差に泣くことも。1点の重みを定期試験のときに感じた経験は、1点を争う入試のときに活きてくるはずです。

　とは言ったものの、私が満点をめざした最大の理由は「満点を取るとなんだかめちゃくちゃ気持ちいい！」という純粋な快感だったと思います（笑）。では、この満点の快感を味わうためにどう勉強していたかというと、同じ問題を最低4回は解くようにしていました。「同じ問題を4回解くなんてつまらなくてやっていられない！」と思った人のために、私が苦手だった数学を例にとって説明すると、1回目…全部解く・間違えた問題に印をつける→2回目…間違えた問題だけ解く→3回目…全問解く→4回目…脳内で解く（試験日の朝）、というようになります。あれもこれもと色々なものに手を出さずに同じ問題を繰り返し解くという、きわめてシンプルなやり方ですが、4回ともまったく同じように解いていたわけではありません。1回目こそ時間をかけてしっかり取り組みますが、2回目は1回目に間違えた問題しか解きませんし、3回目には1回目の2倍速で解けるようになっているので、全問解いても思ったより時間はかからず、かつ、もれのない効率的な勉強ができるのです。

　今回ご紹介したのはあくまでも私のやり方です。参考にできるところは参考にして、最後は自分に合った勉強法を編み出してください。もし困ったことがあれば、いつでもお便りお待ちしてます！

ゆっぴーの大学生活

「20%」。じつはこれ、東大の女子学生の占める割合です。東大は圧倒的に男子が多く、女子は5人に1人しかいません。共学校に通っているみなさんにとってはなかなか想像できないかもしれませんが、教室に入ると周りはみんな男子、なんてこともよくあります（泣）。とくに文系より理系の方は女子が少なく、50人中女子は2人という状態で授業を受けるという場合もあるようです。

　男子に囲まれて肩身の狭い思いをすることもありますが、いいこともたくさんあります。例えば、人数が少ないぶん、女子同士は打ち解けるのも早く、みんな顔なじみという感じでとても仲よしです。それに、先生のなかには女子には評価が甘い先生もいるとかいないとか（笑）。

　東大女子もみんな普通の大学生で、おしゃれに恋愛に趣味に勉強に、全力で打ち込んでいます。個人的にはもう少し女子が増えれば、大学が活気づくのでは、と感じているので、女子中学生のみなさん、将来はぜひ東大におこしください！

大学の友だちとの京都旅行

現役東大生・ゆっぴーに答えてほしい質問を大募集！
あなたの質問にゆっぴーが答えてくれるかも？

QRコードからも!!

あて先　〒101-0047 東京都千代田区内神田2-4-2 グローバル教育出版 サクセス編集室
FAX：03-5939-6014　e-mail：success15@g-ap.com　まで質問をぜひお寄せください！

国際社会で活躍できる器の大きな人材を育成する

TOKYO METROPOLITAN NISHI HIGH SCHOOL

東京都立西高等学校

東京都　公立　共学校

都立高校のなかでもつねに高い大学合格実績を誇り、進学校としてのリーダー役を担う東京都立西高等学校は、学校行事や部活動にも全力で取り組む、心豊かな生徒を育んでいます。また、土曜日を活用したプログラムや、海外交流事業など、魅力的な取り組みも多々用意されています。

宮本《みやもと》 久也《ひさや》 校長先生

2つの教育理念 自主自律と文武二道

東京都立西高等学校（以下、西高）は、１９３７年（昭和12年）に府立第十中学校として青山の地に誕生しました。１９３９年（昭和14年）には現在地に移転し、合併などの変遷を経て、１９５０年（昭和25年）に現校名に改称されました。

教育理念は「自主自律」と「文武二道」です。文武二道の文と武にはそれぞれ意味があり、「文」は授業を通してしっかりとした学力を養うこと、また、リーダーになるにふさわしい豊かな教養を身につけること。「武」は行事や部活動などに積極的に参加すること、さらに校内だけでなく、校外の課外活動にも進んで取り組むこと、とされています。

宮本久也校長先生は「これから世の中が変化していくにつれて、新しいものを受け入れる大きな器が必要になってきます。文と武の2つの道を究めるために、さまざまなことに挑戦していくなかで、自分とは違う考え方に触れたり、新たな世界を知ったりすることで器を大きくしていってほしいです」と語られます。

西高のカリキュラムは、国公立大受験を考慮した6教科7科目対応型で、1・2年次はすべての科目をまんべんなく学ぶ共通履修、3年次は個々の進路に応じて科目を選択するスタイルをとっています。

2期制ですが、中だるみを防ぐために、定期考査は3学期制の学校と同じように5回実施しており、独自の校内実力考査も年に2回行っています。宮本校長先生は「実力考査では学力の伸びを確認し、外部模試では全国の高校生との比較をする、というように2つのモノサシで現状をはかることができます。実力考査は30年以上続けている伝統的なものなので、これまでの先輩のデータが蓄積しています。ですから、たとえ現時点の結果が芳しくなくても、『先輩もこの時期はこの点数だったけど、難関大に合格しているから焦らなくて大丈夫だ』というアドバイスもできるのです」と独自のデータがある強みを話されます。

そんな西高では、「授業で勝負」を合言葉に、「自分で考える」ことに重点をおいた、質の高い授業を展開しています。とくに、言語能力拠点校として、「話す・聞く・書く・読む」の4技能の強化に注力しており、例えば、現代社会では、興味のあるニュースについて発表し、それに関して意見交換する時間を設けたり、理科では実験を他校の倍行うことでレポートを書く機会を多くとるなどしています。さらに、3分間スピーチや、好きな本を紹介しあうビブリオバトルを開催するほか、卒業までに読んでもらいたい本を西高120選として選出し、年間25冊を読破するよう指導しています。

教養を身につけるための多彩なプログラムを展開

西高では、土曜日は授業を行わず、部活動や課外活動など色々なことに挑戦する「器を大きくするための時間」と位置づけています。そのため、キャリア教育にもつながるような多彩な講座を用意しています。

教員が講師となる「土曜特別講座」は大学受験を意識した講座だけではなく、「数学偉人伝」「Shakespeare on Screen」など、教養を育むものもあります。

年4回行われる「訪問講義」は、各界で活躍する卒業生の講演会です。「1～3年の間に計12回聞くことができます。なるべく色々な分野の話に触れてほしいので、講演者の職業が重ならないよう工夫しています」と宮本校長先生が語られるように、昨年度の講義も「社会のイノベーションを、生活者の視点からデザインする仕事」「地球のどこでも―人道支援の現場で働く」「法曹とい

クラスマッチ

夏季と冬季の年2回、クラス対抗でさまざまな競技の得点を競いあうのがクラスマッチです。授業を大切にする西高では、競技は放課後に2週間かけて行っています。クラスマッチ・記念祭・運動会は西高の3大行事とも呼ばれ、どの行事も実行委員会が中心となって企画・運営をしています。

う職業〜何をやっているの?どうしたらなれるの?〜」「一家に一台の日は来るのか〜世界のロボット開発最前線」と多彩でした。今年度は、訪問講義にプラスして、「エボラ熱の最前線」というタイトルで、リベリアで支援にあたられた方を招いての出前授業も実施されました。

1年生が対象の「パネルディスカッション」は、卒業生の協力によって成り立っている行事です。同期の卒業生が、4〜6名のパネリストと1名のコーディネーターに分かれ、将来の進路や生き方について考える際に参考となる話を繰り広げます。

また、夏休み中に行われる夏期講習も、座学だけでなく、フィールドワークや研究施設見学バスツアー、外務省訪問をはじめ、視野を広げるための講座もあります。

魅力的なアメリカ研修が 2013年度から開始

海外交流事業の一環として、2013年度（平成25年度）から、希望者を対象とした海外リーダーシッププログラム「アメリカ研修」が実施されています。「世界のトップはどうなっているのかということを自分の目で見ることで、いまの自分に足りないものを知ってほしいという狙いがあります」と宮本校長先生。

10日間の研修は、ハーバード大やマサチューセッツ工科大、国際連合本部などを訪れるだけでなく、それぞれの場で講義を受けたりと、体験を重視した行程となっている点が特徴です。そのほかにも現地で活躍する方々に講演をしてもらうイブニングセッションや、西高同窓会アメリカ支部との交流会が開催され、まさに盛りだくさんの内容です。

この研修を有意義なものにするため、事前研修を4カ月前からスタートし、入念に準備を行います。

「事前研修を通じて、現段階の英会話力ではアメリカに行っても十分に成果があがらないかもしれないと感じた2人の生徒が、『Boston Tea Party』という企画を立ちあげました。研修に参加する生徒全員に呼びかけ、毎朝8時からの20分間、英会話をトレーニングするという試みです。こうして生徒が企画を発信するのは、意欲的な生徒が多い本校ならではの光景です。」（宮本校長先生）

記念祭（文化祭）

「やりたいことをやりたいようにやる」（宮本校長先生）のが特徴で、映像、展示、演劇、パフォーマンス、アトラクションなど、どの生徒も楽しみながら取り組んでいます。閉会式では宮本校長先生が壇上から生徒に向かってダイブするのが恒例だそう。

林間学校

1年生が夏に行う林間学校。湿原を歩き、夜はキャンプファイヤーを行います。

配慮の行き届いた 丁寧な進路指導

西高の進路指導は、非常にきめ細

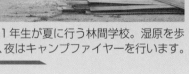

かく進められます。

例えば、学年の最初に配られる『進路ノートⅠ～Ⅲ』には、先輩からのアドバイスや定期考査の活用法のほか、夏休みの学習計画を記入するページや、個人面談の際に提出する面談シートなどが盛り込まれています。提出用のシートにはミシン目が入っているため、面談時に切り取って使用することができます。もちろん内容も学年ごとに異なっており、このノートを読めばどの時期にどんなことを考えればよいのかわかる仕様になっています。

加えて、「進路部だより」や「進路部通信」の内容も充実しており、過去の校内実力考査や大学入試センター試験の成績と、実際に合格した大学との関連が示された「進路のしおり」というデータ集もあります。

卒業生チューター制度も魅力的です。部活動と勉強を両立させながら現役で難関大に入った、つまり、文武二道を成し遂げた卒業生が、放課後に日替わりでアドバイザーとして滞在しています。さまざまな悩みを抱えながらも努力を重ねて結果を出した先輩の助言は、生徒にとってとてもためになるといいます。

最後に、どんな生徒の入学を望むのか、宮本校長先生に伺いました。

「好奇心の強い生徒です。冒頭でもお話しましたが、色々なことに興味を持ち、チャレンジしようという気持ちがある生徒に来てもらいたいです。本校では、1人ひとりの生き方を尊重した教育を行っています。そのため、個性豊かでおもしろい生徒が多いですし、進学先もバラエティに富んでいます。それが本校の魅力でもあると思います。」

運動会

運動会は、縦割りで4つの団に分かれます。実行委員たちは、先輩から引き継いだものを大切にしながら、約1年をかけて準備を進めていきます。

アメリカ研修

朝から晩まで予定が詰まっているハードスケジュールですが、そのぶん、とても充実度の高い研修となっています。今年度の開催も決定しており、今後の展開が楽しみな活動の1つです。

2015年度(平成27年度)大学合格実績 ( )内は既卒

大学名	合格者	大学名	合格者
国公立大学		私立大学	
北海道大	8(4)	早稲田大	184(93)
東北大	6(4)	慶應義塾大	105(57)
筑波大	12(5)	上智大	35(21)
千葉大	8(4)	東京理科大	91(58)
東京大	22(7)	青山学院大	19(15)
東京外大	10(7)	中央大	50(34)
東京学芸大	5(2)	法政大	36(25)
東京工大	18(7)	明治大	156(109)
東京農工大	18(5)	立教大	55(42)
一橋大	14(5)	国際基督教大	5(3)
京都大	16(13)	学習院大	9(8)
大阪大	6(3)	津田塾大	11(4)
その他国公立大	57(35)	その他私立大	199(154)
計	200(101)	計	955(623)

School Data

所在地　東京都杉並区宮前4-21-32

アクセス　京王井の頭線「久我山駅」徒歩10分

生徒数　男子507名、女子461名

TEL　03-3333-7771

URL　http://www.nishi-h.metro.tokyo.jp/

2学期制　週5日制

月・水・金7時限、火・木6時限

50分授業　1学年8クラス

1クラス40名

No.209 School Navi

共学校　埼玉県　越谷市

獨協埼玉《どっきょうさいたま》高等学校

School Data

|所在地|埼玉県越谷市恩間新田寺前316

|生徒数|男子463名、女子562名

|TEL|048-977-5441

|URL|http://www.dokkyo-saitama.ed.jp/

|アクセス|東武伊勢崎線「せんげん台駅」よりバス

5つのコース制で希望進路をあと押し

130年以上の歴史を誇る獨協学園を母体とするのが獨協埼玉高等学校です。「自ら考え、判断することのできる若者を育てる」ことを教育目標に掲げ、幅広い教養と豊かな想像力を育んでいます。

1年次で全教科の基礎を学び、2年次でさらなる実力を養うとともに文理選択をし、3年次に5つのコースに分かれていきます。

5コースはそれぞれめざす進路先が異なり、「文系Ⅰ」・「理系Ⅰ」は、国公立大、難関私立大をめざすため、カリキュラムは5教科7科目型受験に対応できるような編成になっています。

「文系Ⅱ」・「理系Ⅱ」は上位私立大をめざすコースです。「文系Ⅱ」は国語・英語が必修で、社会と数学が選択必修、「理系Ⅱ」は英語・数学・理科が必修となっています。

そして、5つ目のコースが獨協大を志望する生徒向けの「獨協コース」です。

教養教育が中心の獨協コース

獨協コースは、条件を満たせば獨協大の推薦を得られるメリットがあります。大学で講義を受けることも可能で、高大連携カリキュラムも充実しています。

このコースならではの授業が、「国語研究」と「地歴研究」です。レポートや論文の作成方法を学んだり、社会問題についてグループで討論したりと、大学生になったときに役立つスキルを学びながら、教養も深められるような授業を展開しています。

卒業論文を執筆するのも特色です。約1年をかけて自力で論文を書きあげていくことで、文章を書く力はもちろん、物事を論理的にとらえる力も養われます。

語学教育と国際交流で世界を知る

語学教育にも力を入れており、高1・高2は6単位、高3は5コースとも7単位が必修と、英語の授業を多めに設定しています。ネイティブスピーカーによる1クラス約20名の英会話の授業では、英語を使いこなす力が身につきます。

また、自由選択科目としてドイツ語の授業があるのも特徴的で、希望者は3年間で6単位の履修が可能です。

語学教育で培った力を試す場として、国際交流の場も用意しています。オーストラリアとドイツの姉妹校とは隔年で交換留学を実施、毎年夏休みには、アメリカでのホームステイ語学研修プログラムを行っています。

獨協埼玉高等学校は、これからも教育目標に沿った、考える力と判断する力を持ち合わせた生徒を育成していきます。

共学校 千葉県 柏市

二松學舍大学《にしょうがくしゃだいがく》附属柏《ふぞくかしわ》高等学校

School Data

所在地	千葉県柏市大井2590
生徒数	男子513名、女子484名
TEL	04-7191-3179
URL	http://nishogakusha-kashiwa.ed.jp/
アクセス	JR常磐線・東武野田線「柏駅」、東武野田線「新柏駅」、JR常磐線・成田線「我孫子駅」、北総線「印旛日本医大駅」「印西牧の原駅」「千葉ニュータウン中央駅」「小室駅」スクールバス

充実した環境で学力と人間力を養う

教育目標に「思いやりのある豊かな人間性を身につける」「自律をはかり、主体性を身につける」「国際性を身につける」と掲げる二松學舍大学附属柏高等学校（以下、二松學舍大柏）。

緑に囲まれた広大な敷地に中学生から大学生までが学んでいます。ハンドボールコートや多目的グラウンド、武道場や茶室、学生食堂などの充実した施設に加え、15万冊の図書や2800種の雑誌などがある大学の図書館も利用することができます。生徒は、恵まれた環境で学習、部活動、行事に伸びのびと取り組み、豊かな人間性を身につけていきます。

進路に応じたコース制と豊かな国際性を育む教育

二松學舍大柏は、二松學舍大の附属校ではありますが、他大学受験も積極的に支援し、1人ひとりの進路に合わせた3つのコースを用意しています。

「スーパー特選コース」は、最難関国公立大・私立大をめざすコースです。ハイレベルな授業が展開され、始業前の時間も国語・数学・英語のモーニングレッスンとして有効に活用されています。

「特選コース」は、難関国公立大・私立大を目標とします。基礎力を確実に定着させながら、より高い目標に向かって学力を高めていきます。

「進学コース」は、二松學舍大やほかの私立大など、幅広い進路に対応します。高1の数学・英語では習熟度別授業が展開され、個々の理解度に合わせた指導がなされています。

生徒は、それぞれのコースで学びながら、放課後になると、教員室横のフリースペースや自習室で、ときに教員に相談しながら主体的に学習しています。生徒と教員が強い信頼関係で結ばれ、生徒が教員にいつでも質問できる体制が整えられているのは二松學舍大柏の特徴の1つです。

そして、豊かな国際性を育むための教育も行われています。放課後にはネイティブスピーカーの講師による英会話特別補習が開かれ、松陵祭（文化祭）では、英語スピーチコンテストが実施されています。また、英語に加え、第2外国語として中国語や韓国語も学習でき、二松學舍大で学ぶ留学生との交流や台湾への修学旅行、希望者を対象としたオーストラリアや台湾への語学研修があります。こうした経験を通じて、生徒は異文化を理解し、世界的な視野で物事を考えられるように成長していくのです。さらに、全員がタブレットを持ち、学びを深めます。

充実した環境で生徒の学力と人間力を向上させる二松學舍大学附属柏高等学校です。

FOCUS ON

東京都　私立　共学校

青《あお》山《やま》学《がく》院《いん》高等部

キリスト教信仰にもとづき自立心と国際感覚を育む

西川《にしかわ》 良三《りょうぞう》 部長

School Data

所在地
東京都渋谷区渋谷4-4-25

アクセス
地下鉄銀座線・千代田線・半蔵門線「表参道駅」徒歩5分、JR線ほか「渋谷駅」徒歩10分

TEL
03-3409-3880

生徒数
男子586名　女子640名

URL
http://www.agh.aoyama.ed.jp/

- 3学期制
- 週5日制
- 6時限
- 50分授業
- 1学年10クラス
- 1クラス約42名

キリスト教信仰にもとづく全人教育が実践されている青山学院高等部。「英語の青山」と呼ばれる伝統ある英語教育は健在で、2015年度（平成27年度）にはSGHにも指定され、国際交流のさらなる展開が企画されています。青山学院の教育について、西川良三部長にお伺いしました。

スクール・モットーは「地の塩、世の光」

幼稚園から大学・大学院までを擁する私学・青山学院。青山学院高等部（以下、青山学院高）は、青山学院大と同じ敷地に学舎がある学校です。その歴史は、１８７４年（明治７年）にプロテスタント系のアメリカのメソジスト監督教会から派遣された女性宣教師が、麻布に創立した女子小学校を源流としています。高等部は、１９４８年（昭和23年）に新制高等学校となった男女別の「高等部（男子）」と「女子高等部」が、2年後にはその2校を合同した男女共学の青山学院高となり、現在にいたります。

キリスト教信仰にもとづく全人教育がめざされており、スクール・モットーとして「地の塩、世の光」という新約聖書の一節が掲げられています。西川良三部長は「この言葉は、イエス・キリストが民衆に向かって『あなたがたは、地の塩、世の光である』と語った話に由来します。『地の塩』とは、味付けに必要であると同時に、保存料として腐敗を防ぐ防腐剤でもあります。つまり、世の中によい味付けをし、人と人の間に入って和らぎを保ち、荒廃を防ぐ役割を担えるような人物を表します。『世の光』は、人に道を光のように明るく指し示すためのリーダーシップを発揮するという意味はもちろん、真っ暗な闇のなかでロウソクの小さな炎が救いになるような、周囲に希望を与える役割を果たせる人物であってほしいという意味が込められています」と説明されました。

生徒の心を育むキリスト教教育

青山学院高のキリスト教教育は、毎日の礼拝、週1回の聖書の授業、キリスト教精神に触れるさまざまなイベントの3つを柱としています。

「毎日の礼拝は、全校生徒と教職員が講堂に集まって行います。聖書の御言葉を聞き、自らを振り返る礼拝は、本校の教育の根幹をなすものです。聖書の授業は1〜3年まで3年間あり、聖書の内容を深く学ぶとともに、そこで語られている正義や愛などのテーマについて考えます。イースター、ペンテコステ、クリスマスの特別礼拝などのイベントからもキリスト教精神に触れていきます。毎週木曜日には生徒が司会を務め、お話をするHR礼拝もあります。生徒の多くはキリスト教徒ではありませんが、聖書に基づく話を非常によ

く聞いており、多くの生徒が『自分にとって大切な時間』と答えています。」（西川部長）

青山学院高では1年次から青山学院中等部からの内進生と青山学院高からの入学生（以下「高入生」）がいっしょのクラス編成になります。中等部には初等部からの内進生およ

キリスト教教育

グリーンキャンプ

クリスマス・ツリー点火祭

毎日の礼拝、週１回の聖書の授業、キリスト教精神に触れる多くの行事の３つを柱としたキリスト教教育が特色です。夏休みのグリーンキャンプは、大自然のなかで聖書の価値観を学びます。クリスマス・ツリー点火祭は幼稚園から大学院までの青山学院全体の行事です。

び中等部からの入学生がいますし、高入生には帰国生入試・推薦入試・一般入試の生徒がいます。色々な経歴の生徒が各クラスにほぼ均等になるように編成されているので、自然と多様性を受け入れる姿勢が育まれていきます。

カリキュラムは、1年次が共通履修で、2年次にゆるやかな文・理分けが実施され、3年次には選択科目が細かく用意され、希望進路へ向けた勉強が始まります。

独自の英語教科書『SEED』の魅力

英語教育に定評のある青山学院高。その特色の1つとして、学校独自テキスト『SEED』があげられます。これは、青山学院英語教育センターが独自に作成しているものです。西川部長は「初等部から高等部まで一貫して使用し、4－4－4制でカリキュラムを構成しています。本校の教育や学校行事とリンクさせている点もポイントです。高等部入学前から『SEED』を使っている中等部からの内進生は、高等部入学時に高入生より先取りをしているわけですが、英語は高1から習熟度別授業を実施していますので無理なく実力を伸ばすことができ、自然な形で進度に追いつくことができます。高1からの英語の習熟度別授業も、本校の英語教育の特色ですね」と説明されました。

また、多彩な内容の3年次の選択授業も「英語の青山」らしいカリキュラムです。英語を使って新聞などを作る発表型の授業、長文読解に特化した授業、CNNやPodcastなどのメディアを扱う授業など幅広い種類が用意されています。なかには、アニメの映像に合わせて、英語で吹き替え体験をするものもあります。英語を通して、多くのことにチャレンジできるのです。

今年度から新たにSGH指定校へ

国際交流も盛んです。「国や文化の違いを超えて他者を理解することのできる人間を育てる」ことを目的に、海外の学校との交流や留学生の受け入れ、カナダホームステイ、長期海外留学などが行われています。学校間交流では、イギリスの名門パブリックスクールであるリーススクールとイタリアのパスカル校の2校と姉妹校提携が結ばれ、数名の生徒による短期交換留学が行われています。また、夏休みに実施されるカナダホームステイは、毎年約30名の生

施設

プレイルーム

カフェテリア

ＰＳ講堂

2014年（平成26年）に新校舎が完成しました。明るく広々とした空間と、充実した施設・設備が魅力です。

クラブ部室

メインアリーナ

トレーニングルーム

学校生活

CALL教室での授業風景

2年女子ダンス発表会

学問入門講座

青山学院高ならではの行事やカリキュラムも多く、楽しく成長できる学校生活が新入生を待っています。「学問入門講座」など青山学院大・専門職大学院・青山学院女子短期大と連携した一貫教育も特色です。

徒がトロント市郊外のベイリー市を訪問し、2週間のホストファミリーとの交流のなかで、キリスト教信仰に根ざしたカナダの人々の生活を体験します。

国際交流に力を入れている青山学院高は、「2015年度（平成27年度）スーパーグローバルハイスクール（SGH）」の指定を受けました。テーマは「多様性の受容を基礎としたサーバントマインドを持つグローバルリーダーの育成」です。

「グローバル化が進む社会のなかで、本校が国際理解教育に特色を持った学校であることを生徒たちに自覚させたいと思っています。これまでの国際交流活動を基盤にさらに発展させる企画を考えています。青山学院大に新たにできた地球社会共生学部と連携し、アジアに目を向けた企画も構想しています。」（西川部長）

青山学院大との数々の連携教育

進路面では、青山学院大への推薦制度が魅力です。大学進学の基準を満たした生徒は、希望により青山学院大か青山学院女子短期大へ推薦され、卒業生の約80％が推薦制度により進学しています。

日常での青山学院大との連携も多く、土曜日に実施される「学問入門講座」は、大学の教員が高等部生のために開講してくれる特別講座で、年10回、年間約40講座が実施されます。生徒は関心のある講座を選び、大学での学問研究の奥深さに触れることができます。また、今年度からは3年を対象に、大学の授業を履修できる制度も開始されました。

2014年（平成26年）に、新校舎が完成した青山学院高。新環境での歴史が始まっています。西川部長は「本校には、『ぜひ青山学院高等部で学びたい』という意志のある人に来てほしいと思います。そして、人の痛みのわかる、人への配慮ができる生徒であってほしいです」と話されました。

2015年度（平成27年度）大学合格実績（既卒を含む）

大学名	合格者	大学名	合格者
青山学院大推薦入学者内訳		筑波大	3
文学部	40	東京大	2
教育人間科学部	41	東京医科歯科大	1
経済学部	24	その他国公立大	9
法学部	19	国公立大合計	17
経営学部	85	**他大学合格者（私立大学）**	
国際政治経済学部	55	早稲田大	23
総合文化政策学部	49	慶應義塾大	20
理工学部	22	上智大	9
社会情報学部	8	中央大	2
地球社会共生学部	3	明治大	10
計	346	立教大	6
他大学合格者（国公立大学）		その他私立大	91
北海道大	2	私立大合計	161

和田式教育的指導

若年層の読書離れに加え、インターネットの普及や携帯電話・スマートフォンなど情報通信機器の発達が影響し、短い文章は読めても長文を読み込む「読解力」が不足している子どもが増えています。国語だけでなくどの教科でも必要となる「読解力」のつけ方をご紹介します。

どの教科でも必要となる「読解力」を育む方法を伝授

英語と同じように日本語の単語帳も必要

いまの子どもたちに足りない学力として、一番気になるのは「読解力」です。読書離れも強まっていますし、携帯電話やスマートフォンを使ってメッセージをやりとりする場合は短文であることが多く、日常生活でまとまった文章を読む機会が減っていることも関係しているのでしょう。

読解力が足りなくて困るのは、国語の問題を解くときだけではありません。英語や理科、社会の入試では長文問題が出ますし、数学でも読解力がなければ問題の意図を正しく読み取ることができないからです。今月号では、読解力を育むコツを具体的な方法を交えてご紹介します。

まずは、読解力の基礎を築く語彙《ごい》力をつけましょう。おすすめしたいのは、英単語を覚えるときに単語帳を作るのと同じように、日本語の単語帳を作ることです。教科書や問題集を読んでいてわからない言葉があったらチェックしておき、表に言葉を、裏には言葉の意味や読み仮名を書いて覚えます。とにかく、「日本

和田先生のお悩み解決アドバイス

Q 苦手科目の勉強に集中できません

Hideki Wada

和田秀樹

1960年大阪府生まれ。東京大学医学部卒、東京大学医学部附属病院精神神経科助手、アメリカのカールメニンガー精神医学校国際フェローを経て、現在は川崎幸病院精神科顧問、国際医療福祉大学大学院教授、緑鐵受験指導ゼミナール代表を務める。心理学を児童教育、受験教育に活用し、独自の理論と実践で知られる。著書には『和田式　勉強のやる気をつくる本』（学研教育出版）『中学生の正しい勉強法』（瀬谷出版）『難関校に合格する人の共通点』（共著、東京書籍）など多数。初監督作品の映画「受験のシンデレラ」がモナコ国際映画祭グランプリ受賞。

語の言葉を覚えること」を意識して取り組むことが、読解力の基礎作りには大切なのです。

文章の要約は読解力を育む

学校の課題で読書感想文を書いたとき、「この内容は感想ではなくて本を要約しただけなので、自分の感じたことを盛り込んでみましょう」と注意を受けたことのある人はいませんか。文章を書く難しさを感じたと思いますが、あながち悪いことではありません。なぜなら、まとまった文章を要約することは読解力がなければできないからです。

逆に考えれば、読解力をつけたかったら、文章を正しく要約できるように訓練するといいのです。例えば、新聞の社説を毎日読んで、それを決まった文字数内（２００字など）にまとめる、といったことを続けるだけで、読解力は大きく伸びるでしょう。さらに、要約した文章を先生や親御さんなどだれかに見てもらい、アドバイスをもらえれば最高です。

ディクテーションで読解力を高めよう

「ディクテーション（dictation）」という言葉をご存じですか。読みあげられた言葉や文章を書き取ることで、外国語の上達に有用な方法と言われています。私はこれを日本語で行うことで、読解力の育成にもつながると考えています。実際にやってみると想像以上に難しいことに気づくでしょう。聞いた内容を正しく理解していないとできないからです。

韓国では、学校教育のなかで国語のディクテーションが取り入れられています。ＯＥＣＤ（経済協力開発機構）による国際的な生徒の学習到達度調査では、韓国はこれまで行われた5回すべてで、読解力上位5位以内という結果を出しています。これは、韓国のディクテーション教育がよい影響を与えているのではないかと思っています。これらの方法で読解力を磨いていきましょう。

A まずは得意科目に取り組んでみよう

「得意科目の勉強はできるのに、苦手科目の勉強に集中できない」と困っている人は多いもの。そんなときは、まず苦手科目はおいておいて、好きな得意科目をとことん勉強してみましょう。そうすると、得意科目の成績があがりますよね。高校受験は各入試科目の得点を合計した点数が大切ですから、得意科目でより多く得点できれば、苦手科目は少々ふるわなくても得意科目の方でカバーできるようになります。

そうなれば、自分は志望校の合格最低点に達するために苦手科目で何点取る必要があるのか、具体的に目標とする点数が定まります。苦手科目の入試で80点取らなければいけないとなるとプレッシャーになりますが、得意科目でカバーできていれば、「50点取れれば大丈夫だ」というように、目標値が下がってくるわけです。漠然と「苦手科目を勉強しなきゃ！」と焦るよりも、低めの目標値に向かって努力する方がきっと頑張れるし、やる気も出るはずです。まずは得意科目の勉強から始めてみましょう。

教えてマナビー先生！

世界の先端技術

▶マナビー先生

日本の某大学院を卒業後海外で研究者として働いていたが、和食が恋しくなり帰国。しかし科学に関する本を読んでいると食事をすることすら忘れてしまうという、自他ともに認める“科学オタク”。

search 宇宙太陽光発電

宇宙に巨大な太陽光発電所を建設 電気を電磁波に変えて地球に送る

近ごろは多くの家の屋根に太陽光発電のパネルを見ることができるようになったね。

石油エネルギーや原子力に頼らない発電をめざして、太陽光パネルがズラリと並んだメガソーラー発電所も各地にできている。太陽がある限り燃料を使わずに発電が可能なんて、とてもすばらしいけれど、雨の日や、夜には発電できないといった問題点も多い。

電磁波で送電するタイプの宇宙太陽光発電所のイメージ「提供：宇宙航空研究開発機構（JAXA）」

さて、1960年代にアメリカの科学者が提唱したのが宇宙太陽光発電だ。これは、宇宙に大きな太陽光発電所を作ろうというもの。

宇宙に設置することで、昼夜関係なく太陽の光を集め、発電をすることができる。予算の問題や難しい課題が山ほどあるけれど、日本の科学者、技術者は2030年ごろの実用化をめざして研究を続けている。

では、宇宙で発電した電気をどうやって地球上に運ぶのだろうか。今年の3月にJAXAの研究者たちは電気を運ぶ技術の実験に成功した。

どうするかというと、電気を無線で別の場所に運ぶんだ。宇宙で発電した電気は電磁波（マイクロ波）に形を変えて地球に送る方法が考え出されている。この方法では、効率や安全面を考えて宇宙からピンポイントで地球上のアンテナに電波を送る技術が必要になる。3万6000km上空から、なんと0.001度の幅のビームにして正確に送らなくてはならない。受電装置は小さなアンテナをいくつも集めてできていて、それぞれのアンテナの向きを少しずつ変えてビームを受け取る。

今回の実験では、この原理で約550m先の受信アンテナに正確に電磁波を送り、電気に変えることに成功したんだ。

2030年ごろをめざしてJAXAが作ろうとしている太陽光パネルは、直径が約2kmにもおよぶ大きなものだ。この大きさで、ようやく発電所1基分に匹敵する電力を供給できるという。

宇宙にあることで昼夜なく発電でき、雲や雨などの影響も受けないので効率よく発電できる。その半面、宇宙に発電所を作るという技術開発の困難さや、メンテナンスの難しさなど、まだまだ壁は大きい。

安全面も問題だ。太陽光を使うので二酸化炭素は出ないけれど、地球に送信するための電磁波による影響のマイナス面をどのように抑えるかなど、クリアしていかなければならない課題も多い。

安全面や国際協力の問題などを1つひとつクリアして、宇宙にみんなのための発電所ができるようになるといいね。

※このページは33ページから読んでください。

④はアフリカの美しい風景の話だからイだ。

正解 ④ イ

(2) 本文の内容に合うように，文中の(　　)に入る適当な英単語１語を書きなさい。

(　　)のある文は、

These《これらの》 children《子どもたちは》 wrote《書いた》 about《について》 their《自分たちの》 (　　　) for《への》 the future《将来》.

だね。

These childrenは、アフリカの２人の小学生AaidaとUbaだ。２人は、I will study hard to become a nurse.と、I want to make many friends all over the world through soccer.と書いている。看護師とサッカー選手になりたいというのだから、「希望・夢・望み」という意味の語(名詞)を(　　)に入れればよい。気をつけたいのは、２人の夢だから複数形で答えることだ。

もちろん、正解は１つではないね。

正解 (2) hopes (dreams、wishes)

(3) 本文の内容に合っているものを，次のア～エのうちから一つ選び，その符号を書きなさい。

ア　Having a school lunch is very important for children in Africa to study at school.

イ　"Table for Two" is a project which people in Africa started.

ウ　Mark was born in Africa and came to Canada when he finished school.

エ　Many children in Africa can't go to school because there are no school lunches.

選択枝を日本語訳しよう。

ア　学校給食をとることは学校で勉強するアフリカの子どもたちにはとても大切だ。

イ　「２人の食卓」はアフリカの人々が始めた事業だ。

ウ　マーク先生はアフリカ生まれで学校を卒業後カナダに来た。

エ　アフリカの多くの子どもたちは学校給食がないので学校に通えない。

細かい説明は不要だろう。

イは「アフリカの人々」が誤りで、「日本人」が正しい。

ウは「マーク先生」ではなく、「マーク先生の父」が正しい。

エは「学校給食がないので学校に通えない」ではなく、「学校給食があるので登校する」が適切だ。

正解 (3) ア

(4) マーク(Mark)先生は話をした後で，その内容について生徒に英語で質問をしました。生徒の答えとなるように，(　　　)に適する英語を書きなさい。

Mark：If you eat at a restaurant in Japan which supports the "Table for Two" project, you can do two good things at the same time. What are they?

Student：I can eat good food for my health and I can also (　　　　　　　).

２人の問答は、

マーク：「『２人の食卓』事業を支援する日本の飲食店で食事をすると、同時に２つのいいことができます。それはなんですか？」

生徒：「健康にいいものを食べられて(　　　　　)もできます。」

というのだね。

さて、健康的な食事ともう１つはなんだったろう。それは、問題文の③のあとに書かれている。

So《それで》 by《によって》 eating《食べること》 there《そこで》, you《あなたは》 can《られる》 help《助け》 children《子どもたち》 in《の》 Africa《アフリカ》 and《そして》 also《もまた》 take《を得る》 care《保護》 of《の》 your《あなたの》 health《健康》.

という文だ。

これは「それで、そこで(=「２人の食卓」事業を支援している店)での食事によって、アフリカの子どもたちを助けられて、自分の健康も大事にできるのです」という意味だね。

つまり、もう１つのことは、アフリカの子どもたちを助けられることだ。(　　　　　　　)のなかに入るのは、アフリカの子どもたちを助ける＝help children in Africaだ。

正解 (4) help children in Africa

それにしても、この問題文は興味深い。内容にピンとこない人は、日曜日に東京・新宿の京王デパートの前に行ってみるといい。そこに、アフリカの若者たちがいて、通る人たちに向かって、「アフリカの子どもたちに給食を！」という募金活動をしているはずだから。

※このページは33ページから読んでください。

Sub-Saharan Africa サハラ砂漠以南のアフリカ
draw water 水をくむ
yen 円(日本の通貨単位)
meal (1食分の)食事

問題文はここまでだ。問いを見る前に、じっくりと問題文を読み直してみよう……。

……問題文の中身が理解できたかな？　理解できたかどうかを確認するために、日本語訳を掲げよう。

アフリカの話をする時間をくださり、ありがとう。みなさんの知っての通り、私はカナダ生まれですが、父はアフリカで生まれて25歳でカナダに渡ったのです。

①　アフリカには50以上の国があり、とても大きく美しいところですが、問題も抱えています。いま、世界の90%の子どもたちが小学校で勉強していますが、アフリカでは70%です。学校に通えない子どもたちの大半はアフリカのサハラ砂漠の南に住んでいます。ここがアフリカのサハラ砂漠の南ですよ。

②　なぜ子どもたちが学校に通えないのでしょうか？
それは、アフリカのサハラ砂漠の南では家が貧しいためにたくさんの子どもたちの食べ物が十分でないのです。家計を支えるために子どもたちは働かねばなりません。農場で働く子どももいます。家事をしなければならない子どももいます。弟や妹の面倒をみたり、水くみに行ったりします。もちろん、みんな学校に行って勉強したいのですが、できないのです。

③　私は来日したとき、嬉しいことに多くの日本の方がアフリカの子どもたちを助けているのを知りました。「2人の食卓」事業というのを聞いたことがありますか？
日本人が何人かで始めたものです。アフリカの子どもたちに学校給食を贈る事業です。みなさんが「2人の食卓」事業を支援している日本の飲食店で食事をすると、そのたびに20円アフリカに贈られます。20円でアフリカでは学校給食1食分を買えます。

「2人の食卓」の飲食店は健康にいい食材を使用しているので、この事業は日本の方々にもいいことです。だから、そういう店での食事は、アフリカの子どもたちを助け、自分の健康にも有益です。

この事業で学校給食をとったアフリカの子どもたちから来た便りがあります。

アーイダ(女子、10歳)
私、学校が好き、給食が食べられるから。一生懸命に勉強して看護師さんになるの。

ウバ(男子、12歳)
今朝、朝ご飯を食べなかったよ。たいしたことではないんだ、学校でお昼の給食を食べるからね。ぼくはサッカーが大好きで、サッカーを通して世界中に友だちをたくさん作りたいなあ。

この子どもたちは自分の将来の(　　　)を書いています。学校給食があるから、熱心に勉強して色々なことに挑戦できるのです。

④　アフリカには美しいところが数多くあります。偉大な文化もたくさんあります。住んでいる人たちは自分たちの国をもっとよくしようと懸命に努めています。アフリカは父の母国なのでもっと住みよい場所になってほしいと本当に願っています。話を聞いていただき、ありがとう。

問題文の内容がわかったら、問いを見てみよう。

(1)　本文中の①～④のそれぞれの場面で，マーク(Mark)先生が生徒に見せた図や絵として最も適当なものを次のア～エから一つずつ選び，その符号を書きなさい。ただし，同じ符号を二度選んではいけません。

ア　イ　ウ　エ

①の末尾で、マーク先生が “This shows where Sub-Saharan Africa is. (＝これがアフリカのサハラ砂漠以南を示している)”と言っている。先生はエの地図を生徒に見せているとすぐにわかるね。

正解　①エ

②で、マーク先生はアフリカの子どもたちの様子を述べている。子守りをするウの絵しかない。

正解　②ウ

③は、日本の「2人の食卓」事業支援について説明している。飲食店で家族が食事するアの絵がぴったりだ。

正解　③ア

教育評論家 正尾佐の

高校受験指南書

［百参の巻］

今年出たおもしろい問題1

英語

Tasuku Masao

今号からは「今年出たおもしろい問題」だ。「おもしろい」といっても、英語でいうinterest、「興味深い」という意味だ。まず英語から始めるが、千葉県(前期)の問題がおもしろい。

ALTのマーク(Mark)先生が図や絵を見せながら，"Table for Two" projectという国際協力活動についてクラスの生徒に話をしました。次の英文を読んで，あとの(1)〜(4)の問いに答えなさい。

Thank you for giving me time to talk about Africa. You know I was born in Canada, but my father was born in Africa and moved to Canada when he was 25 years old.

① Africa has more than 50 countries and it's very big and beautiful, but it has some problems. Today about 90% of children in the world study at elementary school, but in Africa only about 70% of children do. Most of the children who can't go to school live in Sub-Saharan Africa. This shows where Sub-Saharan Africa is.

② Do you know why they can't go to school? Well, many children in Sub-Saharan Africa can't eat enough food because their families are poor. Those children have to work to support their families. Some work on farms. Others have to do housework. They take care of their younger brothers and sisters, or go to draw water. Of course, these children want to go to school and study, but they can't.

③ When I came to Japan, I was glad to learn that many Japanese people help children in Africa. Have you ever heard about the "Table for Two" project? It was started by some Japanese people. It is project to give children in Africa school lunches. If you eat at a restaurant in Japan which supports the "Table for Two" project, 20 yen is sent to Africa for each meal. In Africa they can buy one school lunch for 20 yen.

This project is also good for Japanese people because "Table for Two" restaurants use foods which are good for your health. So by eating there, you can help children in Africa and also take care of your health.

These are messages from children in Africa who got school lunches from this project.

Aaida (Girl, age 10)
I like school because I can eat a school lunch. I will study hard to become a nurse.

Uba (Boy, age 12)
I didn't have breakfast this morning. That's not a big problem because I have a school lunch at school. I like soccer and I want to make many friends all over the world through soccer.

These children wrote about their (　　) for the future. Because they have school lunches, they can study hard and try many things.

④ Africa has a lot of beautiful places. It also has many great cultures. People living there are trying hard to make their countries better. I really hope that Africa will become a better place to live because Africa is my father's home country. Thank you for listening.

(注)elementary school 小学校

東大入試突破への現国の習慣

田中コモンの今月の一言！

必ず「本番」はやってきます。それまで、圧倒的な練習量で、準備すべきなのです！

田中《たなか》 利周《としかね》先生

早稲田アカデミー教務企画顧問

東京大学文学部卒。東京大学大学院人文科学研究科修士課程修了。文教委員会委員。現国や日本史などの受験参考書の著作も多数。

グレーゾーンに照準！今月のオトナの言い回し「バランス重視」

先々月号で取り上げた「ブレンド」のお話は、中学生の皆さんというよりもご父母の皆さんからの反応のほうが大きかったようです！　ＮＨＫ朝の連ドラのネタでしたので、やはり中高年層（笑）からの「そうですよね！」というリアクション（相づち？）が、直ぐに届いたのでした。その中で、「やはりオトナにならないとバランスをとりながら作業を進めることの大切さを理解するのは難しいのでしょうね」という、経営者でもあるお父様からのコメントには私も深くうなずきました。

私がこのコーナーで繰り返し強調しているのは、「読解力を身につけるためにはオトナにならなくてはいけない！」ということです。国語の読解では、議論の前提となるべき「共通の理解」が求められます。そこで必要となるのは、「他人と違わない」ことにこそ照準を合わせ、妥協点を探ろうとする態度なのです。「このあたりでいかがでしょうか?」とおおよその線で折り合いをつけようとするスタンス。これをオトナの態度と呼んでいるのでしたね。このスタンスを別名「中庸」ともいうことはご存知でしょうか?「偏りがなく、過不足のない態度のこと」を意味し、儒教の中心的な思想とされているのです。あれ？　儒教はご存知ですよね？　紀元前の中国に興った孔子を始祖とする思想の体系です。日本も含めた東アジアでは特に強い影響力を持っていますからね。ジャパニーズビジネスマンにとっても、その思想は常識だったりするのですよ。皆さんも『論語』というのは、聞いたことがあるのではないでしょうか。その『論語』を著した孔子はこう言っています。「中庸は徳の至れるものなり」と。「何事もやり過ぎてはいけない。そうかといって遠慮し過ぎるのもよくない。ほどほどに行動するということが、最高の人徳というものである。」これぞオトナの中のオトナ！　というモデルとなるわけです。先ほどご紹介した、ビジネスの現場で修羅場をくぐりぬけてこられたお父様が、「バランスをとりながら作業を進める」とおっしゃっていたのは、このことを指しているのですね。

けれども、もしこんな中学生がいるとしたら、皆さんはどう思いますか?

「そうか、何事も〈ほどほどに〉が重要なのか。ではテスト勉強も、ほどほどにしておいてマンガでも読もうかな。」

こうした態度が、端的に「間違い」であることはお分かりでしょう。勉強をやり過ぎているわけでもなければ、遠慮しすぎているわけでもありませんから。単にサボっているだけです。しかしながら、この中学生を、筆者は責めることができません。なぜならば、確かに皆さんに対して、「ほどほど」というあり方を推奨してきましたから。バランスを考えて行動することがオトナの生き方であると。皆さんも早くオトナになりましょうね、と。ですからそれを、「中学生の勘違い」などと言って間違いを指摘するだけでは、何の解決にもなりません。問題を真摯に受けとめるべきは、むしろ筆者である私の方であると、反省した次第です。ですから、しっかりと聞いてくださいね。バランスを重視した生活はもちろん大切ですが、それが過ぎるあまりに、自分自身の行動や取り組みが消極的になってしまっては、本末転倒なのです！　早稲田アカデミーの「本気でやる子」を育てるという教育理念からも遠のいてしまいます。

　さて、孔子の弟子に子路という人物がいました。とても威勢が良く元気満々なのですが、少々思慮に欠ける人物でした。そんな子路に対して、孔子は「過ぎたること」の改善を促していました。「ほどほどにしておきなさいよ」というわけです。しかし、ただ注意するだけではなく、こうも言っているのです。「中庸の道を行けなかったら、思慮不足でも操を守る片意地な者がいい」と。つまり、バランスを重視してもうまくいかないのであるならば、いっそのこと理想を高く掲げ、必死になって事に当たっていくことも、また徳であるというのです。

　このことを踏まえて皆さんに申し上げます。「読解のスタンス」としては、オトナを目指して中庸を心掛けるべきですが、「中学生の生活態度」としては、目標に向かって突き進んでいく道を選ぶべきである、と。「ほどほどに」などと言って「事なかれ主義」に陥ってはいけません。常に、最高の自分を目指すこと！を自己指針として、積極的かつ毅然とした態度で生きていきましょう！　全力で事に当たらなくてはなりません。「本気でやる子」でなくてはならないのですよ、皆さんは！　バランスよりも全力重視でお願いしますね。

慇・懃・無・礼?!
今月のオトナの四字熟語
「稽古不足」

　筆者は生徒の親御さんと面談する機会も多く、先ほどの「バランス重視」のコメントを寄せて下さったお父様のように、お話をするうちに打ち解けて？　生徒の学習についてだけではなく、さまざまなジャンルの話題についてやりとりをするようになったりします。

　ある生徒のお父様は「舞台で活躍する方」です。芸能人と言えば君たちには分かりやすいのでしょうが、「テレビタレント」ではない「舞台人」なのです。そのお父様から「稽古不足を言い訳にはできない！」という舞台に対する厳しい態度について、お話し頂いたことがあります。本番の舞台で思うような演技ができない場合はプロとして失格である！　というお話でした。このことを最近あるニュースに接したときに思い出したのです。

　体操男子の内村航平選手が全日本個人総合選手権で前人未到の八連覇を成し遂げたというニュースです。この偉業に対して体操男子の監督は次のようにコメントされています。

「体操競技の技の高難度化が進む中で失敗はつきものとも言えるが、総合得点で他の選手を上回るには、失敗を減らすしか道はない。ヒントは内村の練習過程にあると思う。内村は数年後の自分の姿を描き、それを実現するために必要なことを考えた上で、他を圧倒する練習量をこなす。」

　ぜひ理解してくださいね。「失敗しない」という結果を導くためには、圧倒的な練習量が大前提となるということを。「他と比べても自分はこれだけやったんだ！」という自信の裏づけがあってはじめて、文句のない結果がたたき出せるのだということを。

　プロフェッショナルの世界では「稽古不足」という言い訳は通用しない、というお話でした。また一方で、どこまで稽古しても「終わることのない自分との戦いだ」という話でもあります。それでも観客を前にした本番の舞台はやってくるのです。お客様を前にして、プロとして「稽古不足」であるとは言えません。だったら舞台に立つな！　という話ですから。今自分にできる準備を全ておこなった！　というのが舞台に立つ際の心構えになります。

　内村選手の場合もそうでしょう。多くの観客、そして世界の選手が注目する中でプレッシャーをはね返し、百パーセントの実力を発揮するためには、普段から百二十、百五十パーセントの練習を積み重ねておかなければなりません。「他を圧倒する練習量」とはこういう意味なのです。

　皆さんは耳にしたことがありませんか？　「私は緊張しすぎるたちで。本番に弱いのです。」なんていう言い訳を。はっきりと言ってやるべきです。「本番に弱い？　それは練習量や努力が足りなかっただけということだろう！」と。皆さんは本番勝負！　の裏に秘められている圧倒的な努力量について、しっかりと想像力を働かせられるようになってくださいね。

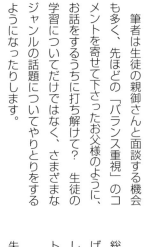

＜解き方＞

(1)　$x=1$のとき、2年目は1年目の1割増しだから、

$100\times1.1=$**110(個)**

(2)　2年目は1年目の$(1+\frac{x}{10})$倍、3年目は2年目の$(1+\frac{2x}{10})$倍だから、

$100(1+\frac{x}{10})(1+\frac{2x}{10})=208$

が成り立つ。これを整理すると、

$x^2+15x-54=0$　⇒　$(x-3)(x+18)=0$

これより、$x=3$、-18

$x>0$だから、$x=-18$は問題に適さない。

$x=3$は問題に適するから、$x=3$

最後は、何種類もの文字が出てくる問題です。関数的な問題なのでグラフの活用も考えられますが、グラフの利用に慣れていないと、かえって大変かも知れません。条件を整理しながら、1つひとつ解き進める方針で問題にあたりましょう。

問題3

ある工場では，気温が低いほどよく売れる商品Aと，気温が高いほどよく売れる商品Bを製造している。それぞれの商品の製造個数は，予想最高気温x℃によって次のように決められている(ただし，xは整数とする)。

＜商品A＞　$x\geqq25$のとき：a個を製造する(aは一定)

$x\leqq25$のとき：xが1減るごとに，製造個数をp個増やす(pは一定)

＜商品B＞　$x\leqq15$のとき：b個を製造する(bは一定)

$x\geqq15$のとき：xが1増えるごとに，製造個数をq個増やす(qは一定)

商品A、Bの製造個数の合計は，予想最高気温が15℃のとき800個，10℃のとき850個である。　(青山学院)

(1)　pを求めよ.

以下，予想最高気温が20℃のときの商品A，Bの製造個数をそれぞれ450個，360個とする。

(2)　a，bを求めよ。

(3)　予想最高気温が25℃のときの商品Bの製造個数を求めよ。

＜考え方＞

(1)　$x\leqq15$のとき商品Bの製造個数はB個で一定だから、$x=15$のときと$x=10$のときの商品A、Bの製造個数の合計の差は、商品Aの製造個数の違いによる。

＜解き方＞

(1)　$x\leqq25$のとき、商品Aの製造個数は、$a+p(25-x)$と表せるから、

$x=15$のとき、商品A、Bの製造個数の合計は、

$a+p\times(25-15)+b=a+10p+b$

$x=10$のとき、商品A、Bの製造個数の合計は、

$a+p\times(25-10)+b=a+15p+b$

これより、$5p=850-800=50$

よって、$\boldsymbol{p=10}$

(2)　$x=20$のとき、商品Aの製造個数が450個であり、(1)より$p=10$であることから、

$a+10\times(25-20)=450$

が成り立つ。よって、$\boldsymbol{a=400}$

これより、$x=15$のとき、商品Aの製造個数は

$400+10\times10=500$(個)

したがって、このときの商品Bの製造個数は$800-500=300$(個)だから、$\boldsymbol{b=300}$

(3)　$x\geqq15$のとき、商品Bの製造個数は、$b+q(x-15)$と表せる。

よって、$x=20$のとき、商品Bの製造個数が360個であり、(2)より$b=300$であることから、

$300+5q=360$

が成り立つ。これより、$q=12$

よって、$x=25$のときの商品Bの製造個数は、

$300+12\times10=420$より、**420個**

以上、代表的な割合の文章問題を見てきました。割合の問題では、必ず係数が小数や分数の文字式・方程式の計算が出てきます。考え方はわかるのに最後の答えが合わないのは、なんとも残念なことですから、練習を十分に行って計算力を養っておくことも大切です。

数学

楽しみmath 数学！DX

係数が小数や分数の文字式・方程式の計算に注意

登木 隆司先生

早稲田アカデミー　城北ブロック ブロック長
兼 池袋校校長

今月は、割合に関する文章問題を学習していきます。はじめに、数量の増減に関する問題を考えてみましょう。

問題１

Ａ中学校では毎月１回，アルミ缶とペットボトルの回収活動を行っている。先月の回収量は，アルミ缶とペットボトルを合わせて35kgであった。今月の回収量は，先月の回収量に比べて，アルミ缶が10％減り，ペットボトルが20％増えたので，アルミ缶とペットボトルを合わせて39kgであった。

今月のアルミ缶とペットボトルの回収量は，それぞれ何kgか求めなさい。　（三重県・改）

＜考え方＞

今月の回収量は、先月の回収量に比べて10％減った

⇒「今月の回収量」＝「先月の回収量」×$(1-\frac{10}{100})$

＜解き方＞

先月のアルミ缶の回収量を$x$kg、ペットボトルの回収量を$y$kgとすると、先月の回収量と今月の回収量について、

$x+y=35$

$0.9x+1.2y=39$

これを解いて、$x=10$、$y=25$

よって、今月のアルミ缶の回収量は、$0.9\times10=$**9(kg)**

今月のペットボトルの回収量は、$1.2\times25=$**30(kg)**

続いて、２回続けて増加させるため、関係がxの２次式となる問題です。

問題２

工場Ａでは，製品Ｐの出荷数について，１年目に100個出荷し，２年目には1年目よりx割多く出荷し，３年目には２年目より$2x$割多く出荷する計画を立てた。

このとき，次の問いに答えなさい。

（神奈川県）

(1)　$x=1$のとき，工場Ａにおいて，２年目に出荷する製品Ｐの個数を求めなさい。

(2)　工場Ａにおいて，３年目に製品Ｐを208個出荷するとき，xについての方程式をつくり，xの値を求めなさい。ただし，$x>0$とする。なお、答えを導くまでの途中経過も書きなさい。

＜考え方＞

「もとよりx割多くなる」＝「もとの$(1+\frac{x}{10})$倍になる」

英語で話そう！

川村 宏一先生
早稲田アカデミー　教務部中学課
上席専門職

朝がちょっぴり苦手な中学３年生のサマンサは、父(マイケル)と母(ローズ)、弟(ダニエル)との４人家族。

休日の午後、サマンサがローズになにを探しているかを尋ねたところ、サンドイッチを作るための玉子とハムがないので買ってきてほしいと頼まれました。

６月某日

Samantha：What are you looking for, mom? …①
サマンサ　：お母さん、なにを探しているの？

Rose　：I would like to make sandwiches, but we don't have any eggs and ham now. …②
Can you buy some eggs and ham at the supermarket?
ローズ：サンドイッチを作りたいんだけど玉子とハムがないのよ。
スーパーで玉子とハムを買ってきてくれるかしら。

Samantha：Sure. Shall I buy some drink, too？…③
サマンサ　：いいわよ。なにか飲みものも買ってこようか？

Rose　：No, thank you. I just need eggs and ham.
ローズ：いえ、大丈夫よ。パンと玉子が必要なだけだから。

今回学習するフレーズ

解説①　look for ～	「～を探す」 (ex) I'm looking for my key now. 「いま、鍵を探しているところだ」
解説②　would like to ～	「～したいと思う」 (ex) I would like to meet you again. 「また、あなたにお会いしたいと思います」
解説③　Shall I ～？	「(相手の意志を尋ねて)～しましょうか」 (ex) Shall I help you？ Yes, please. 「お手伝いしましょうか？」「ええ、お願いします」

Bungou Retsuden

古今文豪列伝

第8回

室生《むろう》犀星《さいせい》

Saisei Murou

東京と金沢を結ぶ北陸新幹線が開通して、北陸地方が注目を集めているね。今回から3回にわたって、金沢が生んだ3人の文豪についてみてみよう。最初は明治から昭和にかけての詩人で小説家の室生《むろう》犀星《さいせい》だ。

犀星は1889年（明治22年）、旧加賀藩足軽頭の子として金沢に生まれた。しかし、正妻の子でなかったため、幼くしてお寺に引き取られ、やがてそのお寺の養子になった。

高等小学校を中退したのち、裁判所の雑用係などをしていて、そこでの上司から俳句の手ほどきを受け、15歳のころには地元新聞に投句をして掲載されたりもしたんだ。才能があったんだね。

1906年（明治39年）には犀星と名乗るようになる。これは金沢を流れる犀川《さいがわ》の西で育ったからなんだけど、「西」を「星」に変えている。4年後に上京、北原白秋に認められて白秋が主宰する詩集に投稿したり、詩人の萩原朔太郎と知りあったりしたのもこのころだ。

1919年（大正8年）、雑誌『中央公論』に『幼年時代』『性に目覚める頃』を発表、1934年（昭和9年）には『あにいもうと』を『文藝春秋』に発表、翌年、文芸懇話会賞を受賞している。

その後、1942年（昭和17年）まで、芥川賞の選考委員を務め、この間、菊池寛賞を受賞している。

戦後も創作意欲は衰えず、1958年（昭和33年）には、娘の朝子をモデルにした半自伝的小説『杏《あんず》っ子』で読売文学賞を受賞した。こうしたこともあって、1960年（昭和35年）には室生犀星詩人賞が創設されているんだ。

しかし、その2年後、肺がんで死去、72歳だった。墓は金沢市郊外、犀川近くの野田山墓地にある。

犀星の第2詩集である『抒情小曲集《じょじょうしょうきょくしゅう》』に収められている「ふるさとは遠きにありて思ふもの／そして悲しくうたふもの」は有名だね。この詩の通り、犀星は上京後はほとんど金沢には帰らなかったという。

いま、犀川にかかる犀川大橋から桜橋にかけては「犀星のみち」として整備されている。機会があったら新幹線で金沢を訪れ、「犀星のみち」を歩いてみるのもいいね。

次回は金沢の文豪の2人目として、徳田秋声《とくだしゅうせい》について紹介するよ。

今月の名作　～室生犀星『あにいもうと』～

『あにいもうと・詩人の別れ』
1,000円＋税
講談社文芸文庫

妹、もんは、ある学生を愛してその子どもを産んだが死産だった。もんが不在のおり、学生が訪ねて来る。もんの兄は、妹を不幸にした学生を殴るが、それを知ったもんはかつての恋人を殴ったとして、兄に激しくくってかかる。庶民の愛憎の交錯を描いた作品。

みんなの数学広場

TEXT BY かずはじめ
数学を子どもたちに、楽しく、わかりやすく、使ってもらえるように日夜研究している。好きな言葉は、"笑う門には福来る"。

初級～上級までの各問題に生徒たちが答えています。
どの生徒が正しい答えを言っているか当ててみよう。
もちろん、当てずっぽうじゃなく、実際に問題を解いてみてね。

問題編

答えは次のページ

初級

引き出しのなかに、赤、青、黄の3色の靴下がそれぞれ1足ずつ、左右バラバラになって入っています。
真っ暗闇のなかで引き出しからこの靴下を取り出すとき、最低何本の靴下を取り出せば、同じ色の靴下が最低左右1組そろうでしょうか。

中級

大人２人と子ども２人がボートで川幅 10 mの川を渡るとします。

ボートには１回に大人は１人、子どもなら２人乗れます。

大人２人と子ども２人全員が最も早く川を渡るには、ボートは最低何m航行すればいいでしょうか。

A
答えは・・・
60m
3往復で十分だもの。
B
答えは・・・
90m
こぐ人が必要だからね。
C
答えは・・・
110m
そんなに少なくないよ。

上級

数学者ワイエルシュトラスの名言です。

「□数は神の創造したものであり、ほかのすべての数は人間の業である」

この□にはなにが入るでしょうか。

A
答えは・・・
自然数
なんかそれっぽくない？
B
答えは・・・
整数
きっちりしてるっぽいから。
C
答えは・・・
分数
聞いたことがある気がする。

みんなの数学広場 解答編

初級

正解は **C**

例えば…

赤の右、赤の左、青の右、青の左、黄の右、黄の左

３足、６本の靴下から４本を取ってみると、必ず１組はそろいます。

A ×

百発百中だね！

B ×

3本じゃ少ないよ。

C 正解

訂正

『サクセス15』2015年6月号(5月15日発売)40-43ページ「みんなの数学広場」において、初級編の解答および解説に誤りがありました。

40ページ

誤り
解答C「21通り」
→
訂正
「28通り」

42ページ解説の上から５行目以降

誤り

「○／○○○／○○
と表したとき、左から太郎が１個、次郎が3個、三郎が2個に分けたことになります。すると、6個を３人で分けることは、
_○_○_○_○_○_○_
上の７カ所の_の部分に／を２カ所入れればいいということと同じになります。
これを計算で表すと、７カ所の_から２カ所を選ぶので
$_7C_2=21$
になります。この計算がわからないときは、上の_部分を数字にするとわかります。
❶○❷○❸○❹○❺○❻○❼
として、❶❷、❶❸、❶❹、❶❺・・・❻❼
と数えても21通りとわかります」

→

訂正

「○／○○／○○○
と表したとき、左から太郎が１個、次郎が2個、三郎が3個に分けたことになります。
さらに、１人に6個とも渡すこともあるので、
○○○○○○／／
と表すこともできます。この場合、太郎が6個、次郎と三郎は0個です。
○○○○○○／／ の順になりますから、
$\frac{8!}{6! \times 2!}$=28通りとなります」

中級

正解は **B**

多くの人を一度に渡したいので、子どもをうまく使います。

１回目に子どもが２人渡り、２回目で１人が戻る。３回目に大人の１人が渡り、４回目で向こう岸に残っていた子どもが戻ってくる。５回目にまた子どもが２人渡って６回目に子どもが１人戻る。７回目にもう１人の大人が渡って、８回目に子どもが１人戻ってくる。そして最後、９回目に子ども２人が渡れば全員が渡れますね。というわけで90mです。

A ×

だれがボートを漕ぐの？

B **正解**

C ×

ボートを大人だけがこぐと思い込んでない？

上級

正解は **B**

整数を神が創造したなんて大胆な発言ですね。

実際のところどうなんでしょうか…。

A ×

確かにそれっぽいけれどね。

B **正解**

C ×

分数は割り算のことだから､「数」ではないんだよ。

学んだことを活かして環境問題を解決していきたい

東京理科大

理学部
応用化学科3年生
林《はやし》　瑠衣《るい》さん

実験も楽しく取り組んでいます

――東京理科大に進もうと思ったのはなぜですか。

「理科と国語が好きだったので、大学ではどちらかについて学ぼうと思っていました。理科を選んだのは、実験のための設備や道具がそろっていないと、個人で学ぶのは難しいと思ったからです。

まず、東京理科大の神楽坂キャンパスは、多くの路線が乗り入れている飯田橋駅が最寄り駅だったことが魅力的でした。そして、パンフレットを読んでいて、関心のあった環境エネルギー分野の研究をしている先生を見つけて、その先生の講義を受けてみたいと思いました。」

――理学部応用化学科を選んだのはその先生がいたからですか。

「それもありますが、化学が好きだったので、化学系の学科に行くことは決めていました。東京理科大の理学部には、化学科と応用化学科があり、化学科の勉強は、物質の原理を研究し、新しいことを発見するのが目的というイメージでした。研究にも興味はありましたが、物質の原理を応用して、製品を開発していく勉

中高時代の勉強

悔しさをバネに

中高時代の数学や英語の授業は、成績順にクラスが分けられるシステムで、中学生のころは上のクラスに在籍していました。しかし、高1で英語の成績が下がり、クラスのレベルも落ちてしまいました。

あまり好きじゃないからといって、英語の勉強を怠っていたことが原因だったので、もう1度上のクラスにあがることを目標に、勉強を頑張りました。目標があると自分が思っていた以上に頑張れたので、なにか目標を立てて勉強するのもいいかもしれません。

大学生活エトセトラ

オーケストラサークル

東京大のオーケストラサークルに参加しています。全体の人数は100名ほどで、その4～5割が東大生、残りは他大学の学生です。

幼いときからバイオリンを習っていたので、大学でも続けようと色々なオーケストラサークルを見ていたところ、練習が週3日のところが多かったんです。勉強やほかの活動も頑張りたかったので、なるべく練習日数が少なく、かつ、ある程度演奏レベルが高いサークルを探していました。そこで見つけたのが、練習は週1日、経験者しか入部できないといういま入っているサークルです。

水溶液がカラフルに化学反応を起こしています

神楽坂キャンパス周辺の景色

強もしたかったので、そうしたことが学べる応用化学科を選びました。」

―応用化学科の講義について教えてください。

「応用化学科で学ぶ分野は、大きく分けて、無機化学、有機化学、物理化学、生化学の4つに分けられます。私が興味を持っている環境エネルギーは、無機化学に分類されます。とにかく必修科目が多く、1・2年のころは空き時間がほとんどなく、時間割が埋まっていました。3年になってやっと空き時間ができました。

　講義は座学のほかに実験もあります。実験のための予習や、実験後に書かなければならないレポートは大変ですが、実験そのものは楽しいです。とくに無機化学の実験は、色が変化したり、泡が出てきたりと、化学反応が目に見えるので楽しいです。実験は2人1組や、3~4人の班で協力しながら進めていきます。実験は相談しながら進めるので、ペアや班の子とは自然と仲よくなりますね。ちなみに、3年の前期は、『有機化学実験』と『物理化学実験』の2つを履修しています。」

―印象に残っている講義はありますか。

「1年生の前期で受けていた『化学のフロンティア』です。週替わりで色々な先生が自分の研究について説明するという講義で、どの先生もいきいきと話すので、聞いていて楽しかったです。なかでも、入学前から受けてみたいと思っていた先生の、人工光合成の話はよく覚えています。普通の光合成は、太陽光と水、二酸化炭素から酸素やグリコーゲンなどを作り出しますが、人工光合成では、燃料として利用できる物質や、化学製品の原料となる物質などを作り出すんです。私は環境問題を解決する仕事に携われたらいいなと思っているので、環境問題解決の糸口になりそうな人工光合成の話は、とても印象に残っています。

　また、有機化学分野はあまり興味がなかったのですが、先生が熱心に話しているのを聞いていると、意外とおもしろい分野なのかもしれないという新しい発見もありました。」

―卒業後の進路について教えてください。

「いまの目標は大学院に進学することです。東京大か東京工大の大学院に進みたいので、おもしろそうな研究をしている先生をリストアップして、色々な説明会に参加していこうと思っています。」

ほかの活動と両立させながら、趣味で音楽を続けたいという人たちが入っているようで、私にぴったりでした。

　年2回の定期演奏会のほか、東京大の五月祭や駒場祭で演奏したり、有志が集まって演奏会を開いたりしています。

インターンシップ

　3年生になって、必修科目が少なくなり、時間に余裕ができたので、インターンシップに参加しています。いまは、企業が主催するイベントの企画・運営に携わり、ほかの企業にイベントの参加を呼びかけたり、チラシを作ったりしています。インターン生に任せてもらえる仕事も多いので、やりがいがあります。

受験生へのメッセージ

合格後のことを考える

　私は大学受験に対するモチベーションがあがらないまま本番を迎えてしまいました。大学に入ってからやりたいことを明確にしておけば、モチベーションもあがり、受験勉強への取り組み方も違ったのかなと思います。

　受験勉強をしていると、合格することがゴールだと思ってしまいがちですが、大学に入ってからなにをするかが一番重要なので、どんな大学生活を送りたいのか、まずはイメージしてみてください。

サクニュー！ ニュースを入手しろ!!

SUCCESS News

産経新聞編集委員 大野敏明

今月のキーワード

日本遺産

文化庁は４月末、後世に残したい日本の文化的価値のある歴史的建造物や伝統芸能など18件を「日本遺産」の第１号として一括認定しました。みなさんは「世界遺産」というのは知っていると思いますが、「日本遺産」はその日本版ということで、今回、設けられたものです。

認定された18件は海外からの旅行者にもアピールする狙いもあり、東京オリンピック・パラリンピックが開催される2020年までに100件を登録し、政府としては観光振興につなげていきたいとしています。

「日本遺産」は点ではなく、内容によって面で認定するため、地域的に１カ所にあるわけではありません。今回の18件は24府県にまたがっています。おもなものを紹介しましょう。

「近世日本の教育遺産群―学ぶ心・礼節の本源―」として、旧弘道館のある茨城県水戸市、足利学校跡のある栃木県足利市、咸宜園《かんぎえん》跡のある大分県日田市、旧閑谷《しずたに》学校のある岡山県備前市があります。これらはいずれも江戸時代以前に教育機関として多くの人材を輩出したところです。地域はバラバラですが、まとめて１件とされています。

「日本国創成のとき―飛鳥を翔《かけ》た女性たち―」として奈良県明日香村、橿原《かしはら》市、高取町も登録されました。古代のロマンあふれる地域です。

「津和野今昔～百景図を歩く～」として島根県津和野町も登録されました。津和野町は山陰の小京都と呼ばれる、昔の面影を残す町です。

「四国遍路」も認定されました。「回遊型巡礼路と独自の巡礼文化」、ということで香川、徳島、高知、愛媛の４県と57の市町村が対象です。

↑PHOTO
日本最古の学校、足利学校の学校門（栃木県足利市）
写真：時事通信フォト

「日本遺産」は、厳しい保全体制を求められる「世界遺産」とは異なり、地域の活性化をおもな目的としています。現在の日本は地方の過疎化が進んでいます。このため、後継者不足などから、伝統芸能の保存も難しくなっていますし、文化財の保護にも大きな負担がかかっています。

外国人の観光客を呼び込みたいという目的もありますが、文化庁は、まずは日本人にこうした遺産が多く残されていることをアピールし、過疎化対策にもしたいとしています。

文化庁は今後も年１回のペースで「日本遺産」を認定していく方針です。みなさんも夏休みなどを利用して出かけてみてはいかがですか。

あれも日本語 これも日本語

「ウシ」にちなむ慣用句

今回はウシにちなんだ慣用句だ。「牛のよだれ」はだらだらと細く長く続くことだ。「商売はウシのよだれ」はよく言われる言葉で、細く長く続けることを教訓にしている。

「牛の歩み」はその名の通り、歩みの遅いこと。でも、着実に前に進んでいる場合にも使う。「彼の成績は牛の歩みだけど少しずつよくなっている」なんて使うこともある。

「鶏口《けいこう》となるも牛《ぎゅう》後《ご》となることなかれ」。中国の古典から出た言葉で、ウシの尻尾よりニワトリの口がいいということから、大きな組織の末端にいるよりも小さい組織のトップにいて活躍した方がいいという意味。「鶏口牛後」と四字熟語にもなっているよ。

「牛飲《ぎゅういん》馬《ば》食《しょく》」は四字熟語。ウシのように飲みウマのように食べることから暴飲暴食することだ。「鯨飲《げいいん》馬《ば》食《しょく》」も同じ意味だよ。

「汗牛充棟《かんぎゅうじゅうとう》」も中国の古典から出た言葉で、蔵書がとても多いという意味。ウシが汗を流しながら運ぶほどの量で、家に運べば棟がいっぱいになるほどの量ということだ。

「九牛《きゅうぎゅう》の一毛《いちもう》」は9頭もいるウシの1本の毛、ということからとても少ないことのたとえ。あるいはとるに足らないことという意味もある。

「牛は牛連れ馬は馬連れ」はウシとウマでは歩調が異なることから、同類や仲間だといっしょにやりやすいという意味だ。

「牛を馬に乗り換える」は歩みの遅いウシを捨てて、速いウマに乗り換えるという意味から、自分にとって不利なものを捨てて、有利なものを選択することをいう。

「角《つの》を矯《た》めて牛を殺す」はウシの曲がった角をまっすぐにしようとして角をたたき、その結果ウシが弱って死んでしまうことから、わずかな欠点を修正しようとして、かえって全体をダメにしてしまうことだ。

「牛に引かれて善光寺参り」は昔、欲の深い年をとった女の人が、干していた布をウシが角に引っかけて走り、それを追いかけて、長野の善光寺にお参りすることになったという話から、思いもよらないことから偶然によい方向に導かれることを言うんだ。

ウシは身近な動物だけに色々な慣用句があるね。

ミステリーハンターQの歴男歴女養成講座

ミステリーハンターQ（略してMQ）
米テキサス州出身。某有名エジプト学者の弟子。1980年代より気鋭の考古学者として注目されつつあるが本名はだれも知らない。日本の歴史について探る画期的な著書『歴史を掘る』の発刊準備を進めている。

春日 静
中学１年生。カバンのなかにはつねに、読みかけの歴史小説が入っている根っからの歴女。あこがれは坂本龍馬。特技は年号の暗記のための語呂合わせを作ること。好きな芸能人は福山雅治。

山本 勇
中学３年生。幼稚園のころにテレビの大河ドラマを見て、歴史にはまる。将来は大河ドラマに出たいと思っている。あこがれは織田信長。最近のマイブームは仏像鑑賞。好きな芸能人はみうらじゅん。

北山文化

室町時代の2つの文化といえば、北山文化と東山文化。金閣寺が有名な、北山文化の特徴、ちゃんと言えるかな？

MQ 北山文化と東山文化は室町時代を代表する2つの文化だが、今回は北山文化について見てみよう。

勇 北山文化って、時代はいつごろなの？

MQ 足利3代将軍、足利義満の時代、14世紀末期から15世紀初期にかけてだね。

静 北山ってなんのこと？

MQ 義満が別荘として住んだ北山山荘のことだよ。現在の京都市右京区の金閣寺のあるところだ。義満の死後、この別荘は臨済宗の寺、鹿苑《ろくおん》寺《じ》となったんだ。鹿苑は義満の法号なんだよ。その寺の内外に金箔をほどこしたことから、金閣寺と呼ばれているんだ。その時代の文化を、のちの東山文化に対して北山文化と言うんだね。

勇 金閣寺だったらよく知っているよ。修学旅行で京都に行ったときに、見に行ったよ。

MQ 時代的には、1392年の南北朝の統一を受けて政権は安定し、日明貿易なども行われるようになって、足利時代の全盛期を迎える時期だ。それまでの公家文化と禅宗の文化が融合して新たに武家文化が生まれたんだ。

静 金閣寺以外にはどんなものがあるの？

MQ 庶民の娯楽である田楽《でんがく》などを取り入れた観阿弥《かんあみ》、世阿弥《ぜあみ》の親子によって猿楽能《さるがくのう》が完成された。世阿弥は能の理論書と言われる『花伝書《かでんしょ》』を書いたことでも有名だね。狂言もこの時代に大成されたんだ。学問の世界では、中国の宋や明の影響を受けた五山《ござん》文学が盛んになった。

勇 五山文学って？

MQ 京都五山と言われる南禅寺、天龍寺、相国寺など臨済宗の寺の僧侶らによる漢詩文が盛んになり、朱子学も入ってきたんだ。こうした文化は上級武士を通して、広く一般にも浸透していった。これが五山文学だよ。

静 現代も盛んな能、狂言はこの時代に生まれたのね。

MQ 水墨画が盛んになったのもこの時代だね。北山文化の時代は短い期間だったけど、日本的な芸術が開花した時代とも言える。その象徴でもある金閣寺は1950年に焼失、現在の金閣寺はその5年後に再建されたんだ。この話は三島由紀夫の小説『金閣寺』のモチーフになったことでも有名だね。

次回の「歴男歴女養成講座」はもう1つの室町時代の文化、東山文化について考えてみるよ。

…
義満さん なんでそんなに 困った顔しているの？

努力、観察力、考える力…異国の地で活躍できる秘訣は？

『ミランの手
ACミラン メディカルトレーナー
遠藤友則』

◆

著／小松 孝
刊行／カンゼン
価格／1600円＋税

今月の1冊 『ミランの手　ACミラン メディカルトレーナー 遠藤友則』

みんなが社会に出るころには、いまよりもさらに「グローバル化」が進み、外国で働き、暮らすことや、日本に住んでいても、身近に外国人がいて、日常的に接することが増えているだろう。

スポーツの世界でも、いまでこそ色々な競技において、外国でプレーする日本人が増えたが、10年前はほんのひと握りしか、そうした選手はいなかった。

しかし、15年以上も前から、サッカーの本場・イタリアで活躍し続けている日本人がいることを知っているだろうか。彼の名は遠藤友則。昨年、サッカーの日本代表・本田圭佑選手が入団したことで話題となったイタリアの名門チーム・ACミランに、遠藤も所属している。

ただし、選手としてではなくトレーナーとしてだ。トレーナーとは、わかりやすく説明すると、選手がケガをしたときに、その治療をしたり、その後のリハビリテーションを担当したりする人のこと。

「な〜んだ、選手じゃないのか」と思った人もいるかもしれないね。でも、世界チャンピオンの経験もあるチームで、サッカーのレベルはヨーロッパほどではない日本からやってきて、16年の長きにわたって信頼を置かれているということはすごいことなんだ。

そんな遠藤も、かつてはサッカー少年だった。将来を嘱望されていたが、高校3年時にヒザを負傷。当時はそのケガに対する治療法が日本ではあまり確立されておらず、その結果、大学でプレーを断念することになる。それだけ期待されていた選手であれば、その後、自暴自棄になっても仕方ないだろう。

しかし、遠藤は違った。自分のこれまでの経験を活かすことができる新たな道を模索し、いまの仕事へとたどりついた。この本は、そんな彼だからこそ話せる日本と世界の違いが随所に描かれている。専門的な内容もあるので、少し読みづらいかもしれないが、これからみんなが人生において経験するかもしれない色々なことに対する処方箋が描かれているので、興味を持ったらぜひ読んでみてほしい。

サクセスシネマ
SUCCESS CINEMA vol.65

働くって大変！

WOOD JOB!
～神去なあなあ日常～

2014年／日本
監督：矢口史靖

『WOOD JOB！～ 神去なあなあ日常～
スタンダード・エディション』
DVD発売中
3,800円＋税
発売元：TBSテレビ
販売元：東宝

林業に挑戦する都会育ちの青年

まさにタイトルのごとく、木の仕事、林業に携わる人々にスポットを当てたヒューマン映画です。

勇気は大学受験に失敗した18歳。翌年に向けて勉強する気も起きず、たまたま手にしたパンフレットを見て１年間の林業研修プログラムへの参加を決めます。その動機は、林業を学びたい！　というものではなく、じつは…。

研修場所は、携帯電話も通じない山奥。都会育ちの勇気は田舎暮らしになじめず、研修にもやる気が出ません。自然を相手にする厳しい現場にもかかわらず、指をケガしただけで貧血を起こしたりと情けない勇気。どうなるのでしょう。

劇中では、夢がなくやる気もない若者、過疎化と後継者不足に悩む日本の林業、といった問題が浮き彫りにされています。しかし同時に、人は成長し、変われるものだという一筋の光も描いています。勇気を指導する先輩たちは、厳しくも人情味があり、その交流を見ていると温かい気持ちになれます。100年先の木々を育てるという林業の役割の大切さが伝わってきます。

プラダを着た悪魔

2006年／アメリカ
監督：デイビッド・フランケル

『プラダを着た悪魔』
Blu-ray発売中
2,381円＋税
20世紀フォックス ホーム エンターテイメント ジャパン

鬼上司のもとで仕事に奮闘！

最新の流行を発信するファッション誌の世界に飛び込んだ１人の女性の物語。

ジャーナリストをめざすアンディは、ニューヨークで出版社の面接を受けます。仕事の内容は世界的なファッション誌の編集長・ミランダのアシスタントでした。仕事の内容もよく知らずに面接を受けたアンディでしたが、なぜか採用。

しかし、ミランダのアシスタントはとても大変！　欠航した飛行機を飛ばせ、発売前の本を手に入れろなど、無茶な要求ばかりで失敗や言い訳は許されません。無理難題すぎて次はどんな要求をされるのかと楽しみになってしまいます。じつはミランダのもとで１年働くことができれば、どんな企業への道も開けると噂が立つほどに、ミランダのアシスタントは過酷と業界では有名だったのです。

アンディの決して諦めない奮闘ぶりは美しく、たくましさも感じます。また、冷酷にさえ見えるミランダですが、華やかなファッションを颯爽《さっそう》と着こなし、仕事に打ち込む姿は素敵です。アンディも次第におしゃれになるので、２人のファッションも見所の１つ。

県庁の星

2006年／日本
監督：西谷弘

『県庁の星　スタンダード・エディション』
DVD発売中
3,800円＋税
発売元：フジテレビジョン
販売元：東宝

公務員がスーパーで悪戦苦闘！？

県庁とスーパーを舞台に「官」と「民」の仕事に携わる人々の意識や考え方、組織の違いなどを描きながら、両者の問題点や課題を浮き彫りにした一作。

県庁で働く野村聡はエリート公務員。ある日、官と民の交流を図るプログラムのメンバーに抜擢され、スーパーに出向します。しかし、優秀なはずの野村がスーパーでは役に立ちません。彼はマニュアルにとらわれ、お客さま１人ひとりに丁寧な接客をすることができないのです。上からの指示がないと動けず、融通のきかない野村の空回りする姿がコミカルに描かれており、笑いを誘います。

しかしその一方で、忙しさや経費削減を理由に、安全面や衛生面に目をつぶるスーパーに対し、改善を強く要求する真《しん》摯《し》な一面も描かれています。そのなにかを変えようとする熱い姿は見ているだけで元気になれるはず！　さて、スーパーは、野村は、変わるのでしょうか。

社会をよりよくするには官と民の相互協力が不可欠だというメッセージが感じられる作品です。そのためにはどうするべきか、みなさんも考えてみてください。

あたまをよくする健康

ナースでありママであり
いつも元気なFUMIYOが
みなさんを元気にします！

by FUMIYO

今月のテーマ

反射

ハロー！　Fumiyoです。突然ですが、質問です。みなさんは反射神経がいい方ですか？

私がそのような質問をされたとしたら、う～ん…となってしまいます。いいときもあれば、悪いときもあるからです。

料理中にテーブルの上を玉子がコロコロと転がり、床をめがけて落下するという途中に「あっ！　危ない！」と、見事玉子をキャッチできたときは、自分は反射神経がいいのかもしれないと思います。

しかし、平らな歩道を歩いていて、ちょっとした段差に足を取られてしまい、派手に転んでしまったときは、泣きたいくらい痛くて、恥ずかしくて、やっぱり反射神経が悪いんだ…と落ち込んでしまいます。

みなさんも、歩いているときに急にボールが飛んできて、身体がとっさに反応し、ボールをうまく避けられたという経験をしたことはありませんか？　こういうときの反応を「反射神経がいい」と言ったりするのですが、いったいこの反射神経ってどういうものなのでしょうか？

じつは、私たちの身体のなかには、反射神経という名のついた神経は存在しません。感覚神経と運動神経の働きによる素早い反応を「反射」と言い、それが派生して反射神経という言葉ができたと言われています。

では、その反射は、普通の反応とはどう違うのでしょうか。

例えば、なにかを踏むと、「踏んだ」という感覚は感覚神経を通って脊髄《せきずい》に伝わります。そしてその感覚は、脊髄から脳に伝わり、脳は「なにかを踏んだから足をあげるように」という信号を出します。その信号は、脊髄から運動神経へ、運動神経から筋肉へと伝わることで、足をあげる動作をすることになります。

しかし、感覚神経の刺激が脳を経由せずに、脊髄から直接運動神経に伝わり、筋肉を動かすこともあります。この場合、脳を経由していないため、普通よりも反応のスピードが速くなります。画鋲《がびょう》などのとがったものを踏んだとき、「あっ！」と感じた瞬間に足をあげることで、痛みを最小限に抑えることができますよね。このような、身体を守るための素早い反応を反射と呼んでいるんです。

そして反射には、無条件反射と条件反射の２種類があります。

上記のような、身体を守るために生まれつき備わっている反応が無条件反射です。

一方の条件反射は経験に基づく予測によって出る反応です。梅干しを見ると唾液が出てくると思います。これが条件反射です。梅干しを初めて食べたときに、梅干し＝すっぱいものだということを学習します。そして、２回、３回…と回数を重ねていくうちに、私たちの頭のなかでは梅干しを見ると同時に、「これはすっぱいものだ」と認識し、唾液が出てくるようになるのです。

今回紹介した反射は身体の反応ですが、数学の問題集を繰り返し解いて解法パターンを身につけておけば、その問題を見ただけで、反射的に答えが浮かぶようになるかもしれませんよ。

Q1

身体のなかで起こる反射ではないものは次のうちどれでしょうか?

①咽頭《いんとう》反射　②膝蓋腱《しつがいけん》反射　③鏡面反射

正解は、③の鏡面反射です。
咽頭反射は、喉の奥の粘膜に刺激が加わると吐き気を催す反射、膝蓋腱反射は、膝蓋骨《しつがいこつ》の下にある膝蓋腱を叩くと曲がっている膝がピンと伸びる反射です。

Q2

反射神経を英語で言うと?

①refrex nerve　②reflex nerve　③reflex nerce

正解は、②のreflex nerveです。
「reflex」は反射、「nerve」は神経という意味です。
スペルミスには十分にご注意を！

なんとなく得した気分になる話

生徒　先生

身の回りにある、知っていると
勉強の役に立つかもしれない知識をお届け!!

答えが2つ？

近ごろ計算が遅くなった…。

トシじゃん。

こらっ！　そういうことをすぐに言わないでくれよ。

だって事実じゃん。

それはそうなんだけど。少しは慰めてくれよ～。

ぼくなんか、若いけど計算は間違えるし、スピードも遅いよ。計算のスピードは年齢に反比例するかもしれないけど、間違いは年齢に関係ない気がするなあ。

そうなの？　勉強不足なんじゃないの？　そうだ、突然だけど、この計算を解いてみて。
6÷2（1＋2）＝？

こんなの簡単だよ。

じゃあ答えだけでなく、求め方も説明してくれ。

6÷2（1＋2）はカッコのなかを先に計算して前から順に
6÷2×3＝9
じゃない？

なるほど！　でもさ、これってカッコの前に2がついているから、2（1＋2）を先に計算するんじゃない？

あっ、そうだった！　ということは、2（1＋2）＝6だから
6÷2（1＋2）＝6÷6＝1
あれ??　さっきと違うなあ。

どっちが正しいと思う？

え??

そうなんだよ。これさあ、答えが二説あるんだよね。

どっちも正しいの？

まあ、問題が変なのかもしれないんだけど。キミはどっちが正しいと思う？

それはこっちが知りたいよ。教えてよ。

まあ、そう慌てなさんなって。そもそも、×を省略することを習うのは中学1年生。ということはこの問題は、中学生以上の問題になる。

なるほど。それで？

するとカッコの計算が優先されるから2（1＋2）＝6が先に行われるので、
6÷2（1＋2）＝6÷6＝1
つまり答えは1だと先生は思うんだよね。

思うんだよねって、なんだか適当だね。先生らしくない！　本当の答えはどっち？

いや、だからこれは二説あるんだってば。先生の個人的見解では1。

もう一説は9なんだね。数学の計算に答えが2つとかあっていいの？

よくないっちゃあ、よくない。まあ、ざっくばらんに言ってしまえば、問題がおかしいんだよ。

問題が？

そう。だってよく見ると…。6÷2（1＋2）の×を省略しておいて÷を残しているこの式は、とても中途半端なんだよ。それに、中学生以上になると÷という表現はあまり使わないと思わないかい？　÷2を×$\left(\frac{1}{2}\right)$って書かないかな？　だから、そもそも問題として疑問なんだよなあ。キミはどう思う？

そう言われれば、確かに答えは2つだけどカッコの前の2がくっついているから2(1＋2)は、ひとまとまりだと思うな。

まあ、答えが1つに決まらない数学があっても楽しいじゃないか。そう思わない？

う～ん。なんか先生にだまされてる気がしてならない。

どうして？

だって、生徒は先生の言うことを聞かなきゃいけないからさ。

いつもキミは先生の言うことを聞かないじゃないか！

だって、今日の先生は先生らしくないもん。押しが弱いっていうか。

先生にもそういうときがあるんだ…。

やっぱりトシだね。

（涙）

高校受験 ここが知りたい Q&A

Q 入試科目の少ない私立高校の方が受験勉強は楽ですか?

Question

高校入試は、５科目入試の公立高校入試よりも、３科目で済む私立高校入試の方が、科目数が少ないので受験準備が楽にできるイメージです。部活動もやっているので、なるべく負担の少ない方を選びたいのですが、実際はどうなのでしょうか。

（葛飾区・中2・MY）

A 科目数が少ないからといって負担も少ないとは限りません。

Answer

多くの私立高校が、国語・数学・英語の３科目入試を実施しており、公立（都立・県立）高校入試は、社会・理科を加えた５科目入試となっています。入試科目数だけで見たとき、３科目の準備だけすればいい私立高校入試の方が取り組みやすいという印象があるかもしれません。

しかし、実際に負担が少ないかどうかは、科目数だけを見て判断できるわけではありません。というのも、私立高校入試は3科目で実施されても、試験問題の内容は公立高校入試をはるかにしのぐ難度である場合も少なくないからです。とくに、上位難関私立高の場合、3科目それぞれで非常にレベルの高い出題がなされるため、公立高校より科目数が少ないからといって、同様に負担も少ないとは言いきれないのです。むしろ、高レベルの出題に対応するために学習の質・量ともに相当の勉強が要求されるといえます。

公立高校を受験する場合、社会と理科の勉強をしなければならないという意味では、心理的にやや負担が感じられるかと思いますが、公立高校入試における社会・理科は、基礎・基本に重きを置いた出題であることが多く、中学校の学習内容をしっかり習得していれば、高得点をとることも可能です。科目数にとらわれることなく、自分の進路をしっかり見極めて志望校を選択するようにしてください。

Question & Answer

Success Ranking

世界の国の面積ランキング

今回は世界の国の面積ランキングを紹介するよ。面積が大きい国の名前はよく聞いたことがあっても、面積が小さい国の名前はあまり聞いたことがないのではないかな。この機会にその国について調べてみるのもいいね。

面積が大きい国ランキング

順位	国	面積(㎢)
1	**ロシア**	1億7089万8242
2	カナダ	998万4670
3	アメリカ	982万6675
4	中国	959万6960
5	ブラジル	851万4877
6	オーストラリア	774万1220
7	インド	328万7263
8	アルゼンチン	278万400
9	カザフスタン	272万4900
10	アルジェリア	238万1741
11	コンゴ	234万4858
12	サウジアラビア	214万9690
13	メキシコ	196万4375
14	インドネシア	190万4569
15	スーダン	186万1484
16	リビア	175万9540
17	イラン	164万8195
18	モンゴル	156万4116
19	ペルー	128万4000
61	日本	37万7915

面積が小さい国ランキング

順位	国	面積(㎢)
1	**バチカン市国**	0.44
2	モナコ公国	2
3	ナウル	21
4	ツバル	26
5	サンマリノ	61
6	リヒテンシュタイン	160
7	マーシャル諸島	181
8	クック諸島	236
9	ニウエ	260
10	セントクリストファー・ネーヴィス	261
11	モルディブ	298
12	マルタ	316
13	グレナダ	344
14	セントビンセントおよびグレナディーン諸島	389
15	バルバドス	430
16	アンティグア・バーブーダ	443
17	セーシェル	455
18	パラオ	459
19	アンドラ	468
20	セントルシア	616

参照：https://www.cia.gov/library/　※属領、海外領土などは除く。面積は小数点以下四捨五入。

受験情報

神奈川

2016年度公立高校入試は2月16日

神奈川県の2016年度公立高校共通選抜入試日程が、以下のように発表された。

共通選抜とは、全日制・定時制・通信制の課程、連携型中高一貫教育校連携募集などを同時に行うもの。受検者全員が学力検査と面接を受ける1回の選抜機会となっている（詳細は66ページ）。

◇入学願書提出期間
2016年1月28日（木）～2月1日（月）
※土日を除く

◇志願先変更期間
2月4日（木）～8日（月）
※土日を除く

◇学力検査　2月16日（火）

◇面接、特色検査
2月16日（火）、17日（水）
および18日（木）

◇合格発表　2月29日（月）

東京

都内中3生向けに無利子の高校奨学金

東京都私学財団では、無利子で奨学金を貸し付ける「東京都育英資金奨学生」の予約募集を行っている。都内に住所があり、2016年4月に高等学校または専修学校高等課程に進学を希望する中3生対象。奨学生の採用候補者として、選考のうえあらかじめ登録する。

進学先の高校が他県に所在する場合も対象となる。学業成績は問わないが、所得の審査が行われる。

採用予定人員は700人程度で、貸付期間は入学の4月から卒業まで。月単位の貸し付けで、貸付月額は、国公立で1万8000円、私立で3万5000円の予定。返還期間は、貸付終了後、6ヵ月経過後からおおむね11～13年間で返還する。この奨学金は無利子。

申し込みはすでに受け付けている。在学する中学校で申込書類を受け取り、中学校を通じて申し込む。締切日は各中学校が指定。採用候補者の決定は、11月上旬に学校を通じて通知される。

15歳の考現学

千葉生は東京私立の合格後に公立受検をすることが可能に

森上《もりがみ》 展安《のぶやす》

森上教育研究所所長。1953年、岡山県生まれ。早稲田大学卒業。進学塾経営などを経て、1987年に「森上教育研究所」を設立。「受験」をキーワードに幅広く教育問題を扱う。近著に『教育時論』（英潮社）や『入りやすくてお得な学校』『中学受験図鑑』（ともにダイヤモンド社）などがある。教育相談、講演会も実施している。

HP：http://www.morigami.co.jp
Email：morigami@pp.iij4u.or.jp

千葉受験生の選択肢広げた公立高校入試日程の妙

千葉県の公立高校入試日（前期、2016年2月9日・10日）が、例年なら2月10日に始まる東京私立高校、一般の入試日と重なることとなり、東京私立の入試日が一部改められることになりました。

千葉県からの受験生のみですが、2月5～9日に入試を行ってもよい、ということになったのです。これは、千葉の受験生にとっては、東京私立の合格をもらってから千葉公立を受験できる、ということになり、かなり選択肢が広がります。

しかし、一方で千葉の私立高校にとっては、千葉公立高校入試日の機械的な設定（土・日・祝日を避けての入試に決まっているため、自動的に入試日が毎年移動する）によって、大迷惑を被りかねない事態ともいえます。

のみならず、都県隣接地帯は、そうでなくても東京志向が強い、いわゆる「千葉都民」家庭が多いのですから、千葉公立受検の前に東京私立の合格がもらえれば、千葉公立受検を棄権することさえありえます。

そういう意味では、千葉公立のこのような入試日設定は、公立、私立を問わず千葉の高校にとって不利益をもたらす可能性が大きいといえます。

東京私立の側としても、例年、相当数の受験者を抱える千葉県からの受験生がみすみす受験機会を奪われる事態は避けなくてはなりません。したがって、そのような決定があったとわかった時点で、東京都に入試開始日前倒しの申し入れをしたというわけです。

東京私立は、千葉県の側にも是正の申し入れをしたそうですが、公立の入試日が一度決めた日程を動かすはずもありませんでした。

千葉の私立高校がいいか東京の私立高校がいいか

前述のように、千葉の受験生は、事前に東京私立の合格を確保できるため、とくに私立共学の中堅校で、千葉隣接地にある、例えば**安田学園**や、**かえつ有明**、**日大一**、女子校でも**江戸川女子**などで、例年以上の併願者が出そうです。

もっとも、本稿は、この決定がなされた直後のものですので、各校に前倒し入試を行うかどうかを確認しているわけではありません。千葉県の受験生も1月の推薦入試を受けてください、という学校もあるでしょう。

ただ、東京の私立では、受け入れ人数がかなり少なくなっていますから、いわば狭き門です。さらに言えば、学費も千葉私立より高くなります。

あとは、入口と出口を比べてどうか、という判断もあるでしょう。これは入口が同じくらいのレベルの学校を比べる必要がありますが、東京の強みは、女子校がバラエティに富んでいて、出口もさることながら、高校生活の過ごし方に多様な選択肢があることでしょう。

一方、千葉私立は学費を考え合わせれば、入りやすくてお得な学校が多く、とりわけ大学附属校でも進学校が多い、というところが魅力です。

なによりのポイントは、近場の学校を選ぶのか、早めに合格が決まる学校を選ぶのか、という選択です。近場の学校を選ぶ傾向は、東日本大震災以降に強まりました。

つまり、いつ来るかわからない危険に備えるか、いま合格できる早期のチャンスを選ぶか、という選択でもあります。

前者については「いつ来るかわからない」ものの「近い将来」と考えるか、「今日、明日にでも起こってもおかしくない」と切迫感を持ってとらえるか、に違いがあります。

これを切迫感のない状態で考えるように仮になっていれば、近年の「行動科学」の成果によれば、目の前の機会を選択して東京の学校を選ぶことになるでしょう。

賢明なる保護者は、相互のデメリットをカバーする手当をしておいて、いずれかの選択をするはずで、いずれになるかは、おそらく受験生本人の、その学校への熱望度による、ともいえます。

筆者の親しい千葉在住のある知人は、頭から県立、そして、頭から近所と考えていて、それを実行しました。理由は、県立の教師は持ち回りで、どこも変わらないから、ということと、それなら自宅に近いところがよい、との考えでした。

父親が家庭で文筆業をされている、いわゆる主夫で、子どもの勉強も父親が見ることができる、という、ちょっとほかの人にはマネできない環境にあったことが、その背景にあります。

先日その方にお会いしたので、近況を伺うと、予想以上に県立高校の授業の質が低く、さすがに対応に若干の困惑を隠せない、とのことでした。

まあ、才人のなせる業というべきでしょう。

公立高校では、通常は、やはり学校の大多数の生徒のレベルに合わせた指導になりますから、そのお子さんのように最難関校に入れたような学力の生徒にとって、レベルの異なる授業をされると、かなりの時間ロスになるはずです。

ただ、その知人の観察するところでは、いまの高校生は多くの時間をクラブ活動や授業でも、どちらかというと本質的な学びというよりやり方を覚える作業の時間が大半で、親世代と違い、勉強そのもの、つまり考えることに時間を割いていないのではないか、ということでした。

確かに、これに加えて、ＳＮＳ（ＬＩＮＥなど）に割く時間が、高校生の場合、かなりの割合になるでしょうから、とくに家庭学習の時間はあまりないのが現状かと思われます。

視点として持っておきたい「よく考えさせる学校か」

そうした現状を考えると、東京か千葉か、という選択肢のなかで、もう1つ、「よく考えさせる学校かどうか」という視点があると、高校3年間が有効に活用できるのでは、と思います。

例えば**芝浦工大柏**はグローバル・サイエンスクラスというクラスを今年度から開設しています。

こうした新設講座の狙いは、授業中の活動を参加型にすることだろうと思います（本当のところはこういったところに実際に行って確かめてください）。いわゆるアクティブラーニングですね。

ただ、アクティブラーニングというとやたらワイワイガヤガヤしているだけで、本来の協働学習になっていないケースも散見されますから、こういう名称に左右されることなく、授業の質が高いかどうか、という点に注目していただきたいところですが、ともあれ、居眠りするような授業ではない、という点が質を判断するわかりやすい視点かもしれません。

要は学校本位であって、東京か千葉か、という選択ではないのですが、冒頭のようなことに入試がなるわけですから、こういった選択により目が向きやすい、ということはあるだろうと思います。

私立 INSIDE

私立高校入試
これからのスケジュール

中学校3年生のみなさんは夏休みも近づきつつあり、いよいよ受験生モードに入ってきたのではないでしょうか。そこで今回は、これから実際の入試までの期間にやっておかなければならないことについて、そのスケジュールを示しながら考えてみます。

中3生これからの受験スケジュール

6、7月以降から夏休みの間には、各高校でのオープンキャンパスや学校説明会、また多くの学校が集っての合同説明会が開催されます。学校説明会や体験入学に行ったときは、学校案内や入試要項が配られていれば手に入れておきましょう。

2学期になっても学校説明会は多く行われますが、並行して中学校での三者面談（受験生、保護者、学校の先生）が始まり、その三者面談で最終的に志望校を決めます。また、2学期には模擬試験も受験しておきます。

さて、以下に2学期以降の「受験スケジュール」を示しますが、公立高校の日程部分は自治体によって多少異なります。

●受験までのスケジュール

9～11月　各高校の学校説明会・体験入学
10月～　入試要項（生徒募集要項）配付
11月下旬～　公立中学校2学期末試験
　　中学校での三者面談
12月中旬～　私立高校入試相談
1月中旬　公立中学校学年末試験
1月　私立高校推薦入試
2月　国立・私立高校一般入試
2月　公立高校推薦入試
2～3月　公立高校一般入試

9月・10月

●受験校を決める

第1志望校、併願校ともに、9月のうちには受験する学校の腹づもりを決めましょう。

この時期には模擬試験も行われます。受験校が決まっていなければ、模擬試験での合否判定が得られず、遅れれば遅れるほど不利になります。模擬試験で得られる偏差値は、数回受ける模擬試験の平均値に信頼がおけるからです。

●受験のための情報収集

首都圏の高校にはさまざまな受験方法があります。

公立高校と私立高校とでは受験の仕方や合否の判断基準が大きく違います。また、一般入試のほかに推薦入試があり、推薦入試も単願（専願）推薦や併願推薦と呼ばれる入試があるなど、かなり複雑です。

それらの制度を理解して受験をすれば、アドバンテージをもって受験を進められますが、逆の場合は、学力があっても不利な受験を強いられることにもなりかねません。

まず、志望している学校にはどんな受験方法があるのかをホームページなどで調べましょう。そして、この時期に各校で配付が始まる入試要項を手に入れ、一般入試の合否基準、推薦の基準、受験方法による優遇制度の有無などを調べましょう。

そのほか、入学金の振り込みを公立高校の合格発表まで待ってくれるのか、延納金を支払う必要があるのかなども重要です。

●第1志望校と併願校

受験校は公立高校を1校、複数受験できる私立高校は2～3校程度をメドに決めます。

私立高校を2～3校受験し、最後に公立高校を受検するのが基本パターンです。どんなレベルの私立高校を、どの順番で受けるかは、進学塾の先生にも相談して、うまく計画を立てましょう。最初に受けるのはいわゆる「安全校」。そうすれば、2校目以降の入試を受けるとき、心の持ちようが違ってきます。

入試初日は、それがどんな学校であってもどうしても緊張します。いつも通りの力を出しきるのは困難といってもいいでしょう。万一、初日の入試で不本意な結果になると、その後の入試までマイナス思考の連続になってしまいかねません。

1校でも合格を得ることで、「やってきた勉強に間違いがない」「努力は報われる」という自信にもつながり、翌日からの入試、また第1志望校に向かって、強気で向かうことができるでしょう。

11月

●合否は三者面談で決まる

中学校3年生にとって、受験校を決める最終局面が公立中学校での「三者面談」です。三者面談というのは11月下旬から始まる面談で、通学している中学校の担任の先生、受験生、保護者の三者が、志望校を決めるために話しあうものです。

なぜ11月に三者面談があるのでしょうか。それは、12月中旬に私立高校の入試相談があるからです（埼玉では「個別相談」）。

私立高校の推薦入試では、事前に成績の合格基準が示されています。

そこで、その基準をもとに、その学校に合格できるかどうかを、前もって私立高校側と中学校の先生が話しあう場が12月なかばの入試相談です。中学校では12月の私立高校入試相談に向けて、自らの中学校の「どの生徒」が「どの私立高校」を受験するのかをリストアップしていきます。そのための最終確認が三者面談なのです。

ただし、埼玉ではこの中学校を巻き込んでの入試相談は行われません。埼玉では、保護者・受験生が、私立の学校説明会や進路相談会に臨んで自分で各私立高校と相談をします。これが埼玉独自の「個別相談」です。

さて、東京、神奈川、千葉の三者面談に話を戻します。

中学校の先生は、生徒の成績をよく把握していますし、高校のこともよく知っています。受験をする高校がなかなか決まらないという場合も頼りになる存在です。

三者面談で担任の先生は、第1志望は公立高校か、私立高校かなど、おおまかな希望を聞くことから始めます。

進学塾に通っていれば、すでに塾の先生と相談して志望校が決まっていると思います。その志望校をメモしておいて、三者面談で示すようにします。

受験生も保護者も、あとで後悔しないように、先生に対して「自らの希望を明確に言う、尋ねたいことは尋ねる」姿勢が大切です。

●安全策に走りがち

私立高校には、「学力試験で合否を決める学校」と「入試相談で合否をほぼ決める学校」の2種類があります。入試相談で合否を決める学校ということは、内申で合否を決める学校と言い換えることもできます。

前者は、推薦入試での定員が少ない難関校、上位校です。後者には残る大半の私立高校が入ります。

ですから、ほとんどの私立高校の合否は、じつは12月中旬の「入試相談」の段階で決まってしまうと言っても過言ではありません。

さて、三者面談で注意してほしいことがあります。

先生の考えが「安全志向」に走る傾向があるということです。中学校の先生が、三者面談での重要なポイントとしているのは、「その年度の卒業生全員を確実に高校に進学させること」です。

ですから、中学校の三者面談では、「入試相談のある学校」を「安全校」

として強くすすめられます。

入試相談で私立高校側から「大丈夫です」と言ってもらえれば、ほぼ合格が約束されますから、受験生・先生ともに安心して公立高校の受験に臨めるからです。

つまり、中学校の先生にとって、三者面談では「安全校を決めること」が目的と言っていいのです。

「高校に合格したい」「させたい」という意味では、中学校の先生と受験生の希望は一致しているのに、三者面談では、受験生と先生との間に意識の差が出てしまうことがあります。

先生がすすめる「安全校」の最たるものが、私立高校の「単願（専願）推薦」です。

単願推薦でも学力試験のある学校もありますが、それはごく一部の私立難関校で、それを除くほとんどの私立高校の単願推薦は、中学校の先生との入試相談で受けることが決まれば「合格」です。

ただし、単願推薦で受験できるのは「その学校のみ」です。公立高校にしろ私立高校にしろほかの学校は受けられません。

中学校の先生にとって「単願推薦」での受験は、「確実な合格」と「最小限の受験校数」の2つを同時に実現する制度なのです。受験生にとっても、とてもよい制度のように思えます。その時点で受験勉強から解放されるからです。

中学校の先生から提案されれば、ついつい受けてしまいそうになるものです。しかし、多くの場合、「単願推薦」で合格を約束してもらえる学校は、自分の本来の志望より一段レベルが落ちる学校です。

まだまだ、受験の2月までは実力は伸び続けるのに、11月に安易に「合格」に走るのは考えものです。

三者面談で最も大切なことは、「自分はどこの高校に行きたいのか」をはっきりと先生に伝えることです。とくに第1志望校については、自分の気持ちを強く伝えましょう。

そのうえで「私立高校の合格基準」と「現時点での成績」をもとに先生はアドバイスしてくれるはずです。よく話しあいましょう。

12月

●中学校と私立高校が入試相談

私立高校の推薦入試には2種のパターンがあります。1つは前述した「単願（専願）推薦」で「その学校しか受けません。受かったらその学校に行きます」と約束するものです。

もう1つのパターンは「公立高校が受かったらその公立高校に行きますが、不合格の場合はこの私立高校に必ず行きます」と約束する「併願推薦」です。

私立高校の「推薦入試」は、公立高校の入試よりも前に行われます。

私立高校の推薦入試に出願するためには、各校によって示されている「推薦基準」を満たしていなければなりません。「推薦基準」は、「5教科で合わせて○以上」など、内申点で規定している学校がほとんどです。

それらを前提に中学校の先生は前項の「三者面談」で決めた、生徒が受けたい私立高校に出かけていきます。そして、その学校と「受けたい生徒全員のリスト」について、1人ひとり、生徒の（推薦入試での）合格可能性を相談します。このように中学校の先生と私立高校側が話しあうのが「入試相談」です。

入試相談は、東京、神奈川、千葉のほとんどの私立高校で、12月の中旬から下旬、それぞれの私立高校が決めた期間に行われます。異なるのは埼玉で、前述の通り「個別相談」で受験生・保護者が直接、私立高校と相談します。

この入試相談で、私立高校は生徒1人ひとりについて答えます。ある意味曖昧な答えにも聞こえるのですが「この生徒は大丈夫です」とか、逆に「一般入試の方で頑張ってもらった方がいい」などの返答になります。

ここで「大丈夫です」や「推薦入試に出願していいですよ」と答えてくれるようなら、合格可能性がかなり高い返答と言えます。

1月・2月

東京・神奈川は、推薦入試が1月22日から、一般入試は2月10日から開始されます（千葉生の東京受験は2月5日から）。神奈川では、私立高校の推薦入試は私立高校を第1志望とする受験生のための入試となり、公立高校との併願を希望する受験生は、すべて私立高校の一般入試の方を受験することになっています。

埼玉では、公立高校の入試制度が大きく変更されたことに伴い、私立高校の入試開始日も1月22日からとなり、ほとんどの私立高校が1月のうちに多くの定員を確保してしまいます。

千葉は1月17日から前期選抜、2月5日から後期選抜が実施されます。

2016年度首都圏
私立高校入試変更点

東京

【入試日変更】

私立高校一般入試のうち、千葉からの受験生向けには、2月5日～9日までに試験日を設けてよいことになった。

そのほかの都県生向けは2月10日から。これは、2月10日に千葉の公立入試が行われるための特別措置である。

【学科、コース改編等】

駒込 国際教養・国際関係・外国語学部などを持つ難関大への進学を目標にした国際教養コースを設置。

・試験日 2月10日（水）の一般入試のなかで実施。
・募集数 若干名
・受験資格 英検準2級以上取得またはIELTSで3.0以上
・入試科目 3科（国語・英語・社会）

【学科・コース改編・定員変更】

郁文館 募集数150名→180名。Ⅱ期入試（3月）で併願優遇制度を新設。

関東国際 併願優遇制度を再開。

共栄学園 普通コース→進学コース。

玉川聖学院 一般60名→100名。

帝京 文理コース特進クラス→特進コースに名称変更。

【校名変更】

日体荏原→日本体育大学荏原に。

神奈川

【男女共学化】

法政二

2016年度（平成28年度）、中学・高校同時に共学化する法政二の募集人数は以下の通り。男女別定員で、男子の募集数が女子よりも多くなっている。

・募集数 男子275名 女子160名 計435名（このほかに系列中学からの進学者がいる）。
・募集の内訳 書類選考・男子200名、女子100名 学科試験・男子75名、女子60名。
・入試科目 3科（国語・数学・英語）
・試験日 2月11日（木）

千葉

【校名変更】

柏日体→日本体育大学柏に。

【学科・コース改編・定員変更】

秀明八千代 総合進学Aコース→文理進学コース。総合進学Bコース→総合進学コース。

成田 特進選抜コースの単願推薦→専願。

埼玉

【学科・コース改編】

国際学院 特別選抜コース→アドバンスコース。特進コース→セレクトコース。総合進学コースⅠ→選抜進学コース。総合進学コースⅡ→進学コース。

※「私立高校入試変更点」については安田教育研究所の協力をいただきました。

2015年度 東京都立高校入試結果

安田教育研究所 副代表　**平松 享**

大学進学実績の伸びを反映して、都立一般入試では、進学指導重点校の受検者が3302人（男女計）と、2001年の指定以来最多の人数になり、実質倍率も1.76倍と、過去最高を記録。一部では高倍率校への警戒感から、安全志向が強まったなかで、上位校は今年も厳しい入試が続きました。

都立全体の不合格者数は減少

今春の都立全日制一般入試（一次・分割前期）の不合格者数は、総計1万2899人と、昨年の1万3000人台の最多記録より約300人少なくなりました（**国際**の国際バカロレアコースと**産業技術高専**を除く）。不合格者数が前年より減少したのは5年ぶりのことです。

受検生に安全志向が強まったことのほかに、景気回復のおかげで、私立第1志望者がわずかに増えたこと、都立の募集人員がやや多めになったことなども原因のようです。

都立一般入試の不合格者数は、2008年のリーマンショック後に増えはじめ、昨年、1万3000人を超えました。今年は少し減りましたが、それでも2009年以降では3番目に多い人数です。

1校で男女計150名以上の不合格者を出した学校の数は、この5年間で、15校→19校→20校→24校→25校と増え続けています**【表1】**。

一方、前年に不合格者を多く出した高倍率校を避け、志望校調査の倍率を見て、ほかの都立に移る動きや、応募しても試験当日に欠席して私立への進学を決めるケースもありました。

大学合格実績を伸ばす進学指導重点校

今年の不合格者数ランキングには、**青山**、**日比谷**、**戸山**などの進学指導重点校が上位に並んでいます。進学指導重点校は15年前に指定が始まり、近年、大学進学実績が上昇して、人気が一段と高まっています。7校合計の昨年の東大合格者数は110名（現浪計）でした。

東京都では、東京大に加えて、一橋大、東京工大、京都大、国公立大学医学部医学科を難関大学と呼び、その合格者数を、重点校指定の目安にしています。昨年の難関大合格者数は、現役181名、浪人171名の合計352名でした。じつに1校平均50名も合格しています。

さらに国公立大学の合格者数は1132名で、7校の今春の募集人員の半数を超える数にのぼります。これだけの実績があれば、受検者が増えるのは当然と言えますが、今年の注目点は、青山の受検者が大幅に増えたことです。

青山は昨年、重点校の指定を取り消される瀬戸際にいましたが、難関大学の現役合格者数を大きく伸ばし、戸山や**八王子東**を抜いて、重点校で4番目の実績をあげました。V字回復と学級増で、前年より150人も受検者が増えました。

中堅の人気校と進学指導特別推進校

進学対策の指定を受けていない中堅校からも倍率の高い学校が生まれています。今年は**向丘**、**上野**、**広尾**、**文京**、**芦花**、**鷺宮**、**小岩**、**昭和**、**狛江**などで不合格者が多く出ました。

進学実績のほか、部活動が盛ん、新校舎が落成、制服を新しくしたなど、私立に負けない居心地のよさが人気を呼んでいます。そのため進路指導に加えて、生活指導のしっかりした学校も好まれました。ただし、高倍率への警戒感も生まれ、多くの学校が、不合格者を昨年より減らしています。

下の**【表2】**では、普通科や総合学科など126校を、指定や合格基準で8つのレンジに分け、1校あたりの不合格者数（男女計）の3年推移を調べました。

3年間の推移で眺めると、不合格者数を示す棒が最も高いのは、一昨年、昨年ともに、特別推進校でしたが、今年は、進学指導重点校に代わっています。

特別推進校で、不合格者数が前年より増えたのは国際のみ（42名増）で、ほかの5校は、**小山台**37名減、**駒場**70名減、**国分寺**24名減、**町田**35名減、**新宿**19名減と、そろって減少しました。これまで続いていた高倍率への反動が出たようです。大学進学実績が重点校と比べて、いまひとつ伸び悩んでいる点も気にかかります。一部の受験生は、私立のMARCHクラスの大学附属校へ流れたのかもしれません（次ページの進学指導重点校と進学指導特別推進校の入試結果推移参照）。

国際バカロレアコースで基準を設けた入試

最も話題を呼んだのは、国際が設置した国際バカロレアコースの募集でした。国際バカロレアは、スイスにある「国際バカロレア機構」が提供する国際的な教育プログラムで、認定校で所定の課程を履修し、試験にパスすれば、海外を含む大学への入学または受験資格（国際バカロレア資格）が得られるコースです。

今回の募集人員は、日本人生徒15名、外国人生徒5名の計20名。これに対して日本人生徒66名、外国人生徒22名の計88名が応募しました。

英語運用能力検査、数学の学力検査、小論文、個人面接、集団討論など、ハイレベルの検査の結果、日本人16名が合格しました。外国人4名、外国人の合格者が募集人員の5名より少ないのは、「一つでも基準に達しない場合は選考の対象としない」という特別な入試ルールのためでした。

応募した外国人生徒22名のなかに、基準をクリアできたものが4名しかいなかったため、「外国人の欠員は日本人が埋める」というルールを適用して、日本人の合格者数は16名と募集人員より1名多くなっていたのです。

ルールには、その逆の「日本人↓外国人」はないので、きわめて特殊な規定です。また、検定試験のような基準を設けての入試は、公立高校では初のことでした。

都立高校は来年度から新しい入試の方法に切り替わります。受検生のみなさんは、ルールの変更に十分注意して、準備を進めてください。

【表1】150名以上不合格の都立高校

学校名	前年	→	今春	増減
青山	184	→	299	115
日比谷	218	→	280	62
戸山	266	→	252	-14
新宿	269	→	250	-19
北園	256	→	243	-13
三田	269	→	236	-33
国際	193	→	235	42
向丘	153	→	189	36
上野	186	→	182	-4
産業技術高専	132	→	180	48
広尾	203	→	177	-26
国立	149	→	175	26
文京	281	→	174	-107
城東	68	→	171	103
芦花	131	→	171	40
立川	171	→	169	-2
鷺宮	223	→	168	-55
江戸川	156	→	165	9
小岩	173	→	163	-10
駒場	230	→	160	-70
豊多摩	228	→	159	-69
墨田川	58	→	158	100
西	181	→	151	-30
昭和	126	→	151	25
狛江	148	→	150	2

【表2】都立高校1校あたりの不合格者数

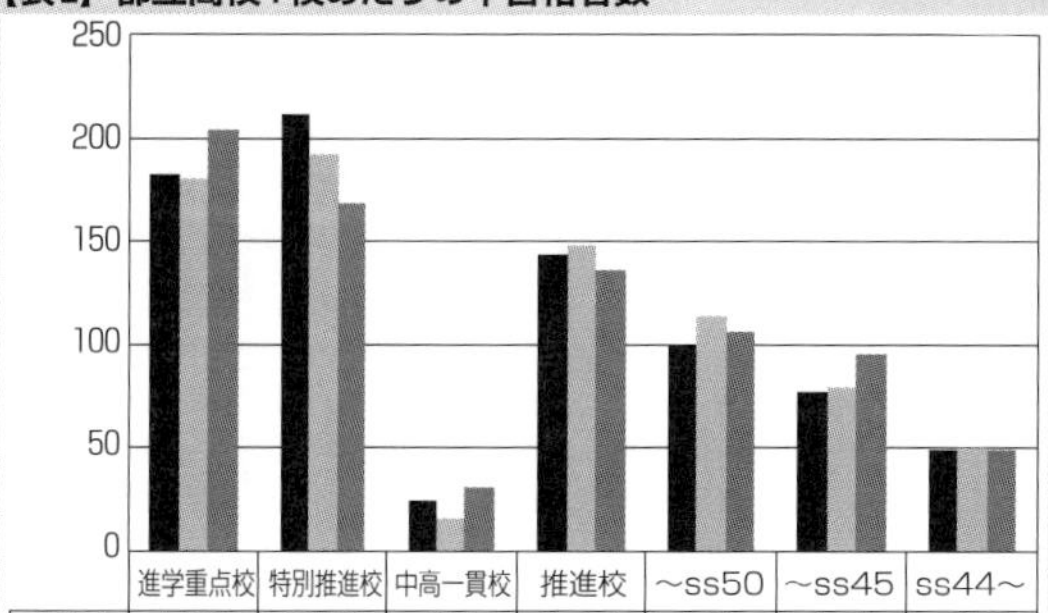

	進学重点校	特別推進校	中高一貫校	推進校	～ss50	～ss45	ss44～
13年	182	212	25	144	99	77	49
14年	181	192	15	148	114	80	50
今春	204	168	31	136	106	96	49

日比谷（男子）

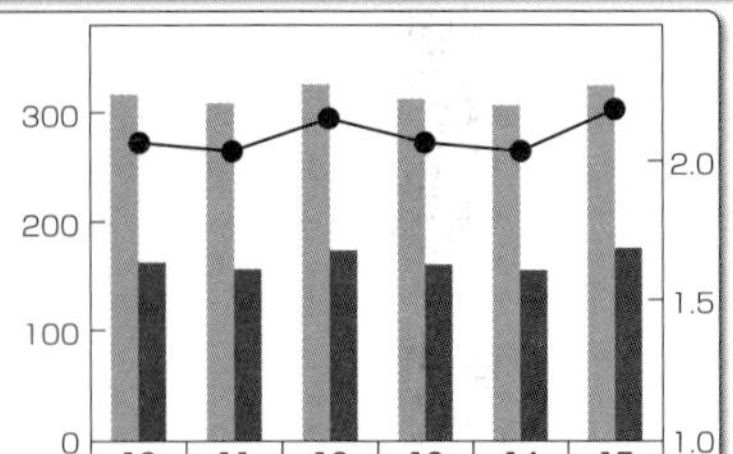

	10	11	12	13	14	15
受検者数	315	307	324	311	305	323
不合格数	162	156	173	160	155	175
実質倍率	2.06	2.03	2.15	2.06	2.03	2.18

進学重点校計（女子）

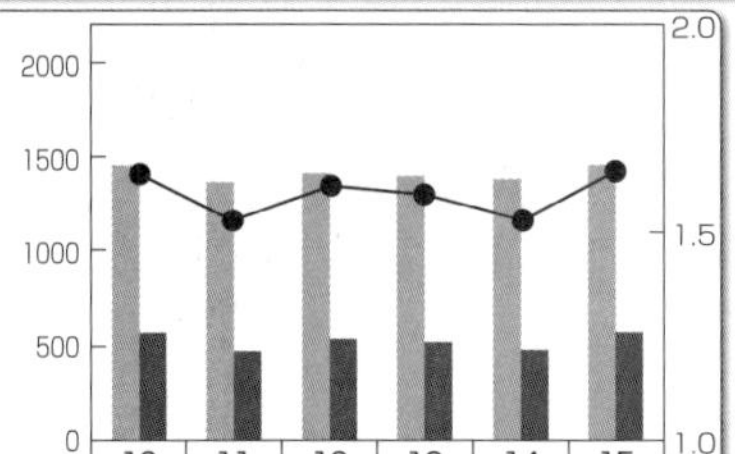

	10	11	12	13	14	15
受検者数	1455	1366	1413	1399	1383	1457
不合格数	569	471	536	519	478	571
実質倍率	1.64	1.53	1.61	1.59	1.53	1.64

進学重点校計（男子）

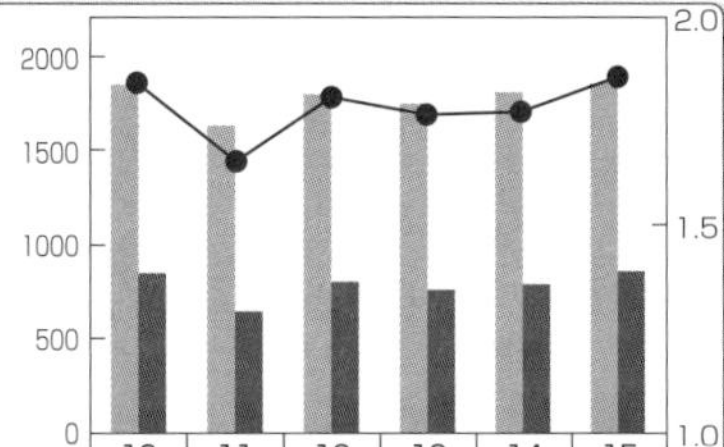

	10	11	12	13	14	15
受検者数	1844	1628	1793	1743	1804	1851
不合格数	845	643	800	757	786	856
実質倍率	1.85	1.65	1.81	1.77	1.77	1.86

西（女子）

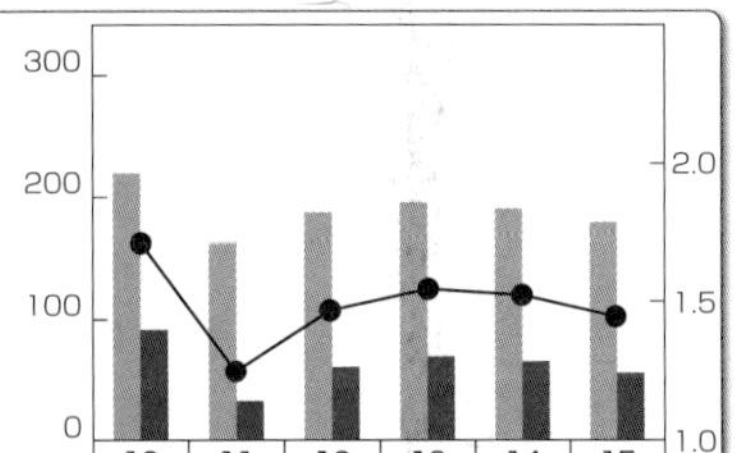

	10	11	12	13	14	15
受検者数	219	162	187	195	190	179
不合格数	91	32	60	69	65	55
実質倍率	1.71	1.25	1.47	1.55	1.52	1.44

西（男子）

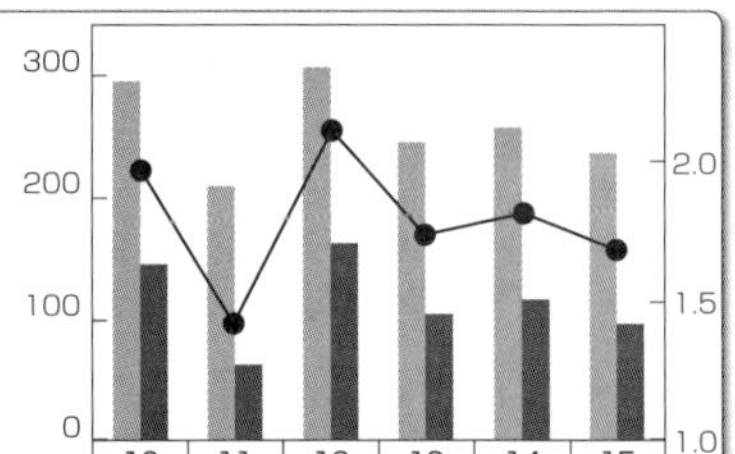

	10	11	12	13	14	15
受検者数	295	209	307	245	257	236
不合格数	145	62	162	104	116	96
実質倍率	1.97	1.42	2.12	1.74	1.82	1.69

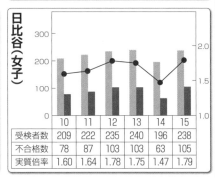

日比谷（女子）

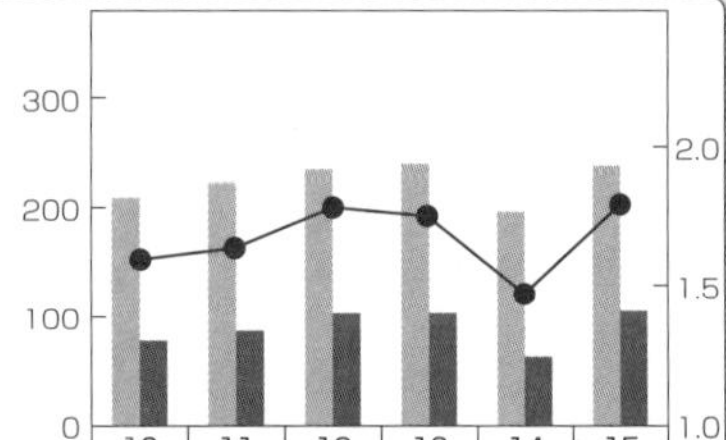

	10	11	12	13	14	15
受検者数	209	222	235	240	196	238
不合格数	78	87	103	103	63	105
実質倍率	1.60	1.64	1.78	1.75	1.47	1.79

青山（男子）

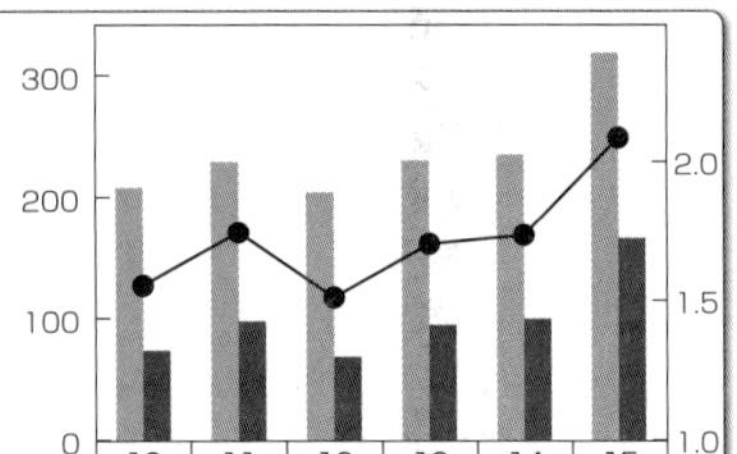

	10	11	12	13	14	15
受検者数	208	229	204	230	235	318
不合格数	74	98	69	95	100	166
実質倍率	1.55	1.75	1.51	1.70	1.74	2.09

戸山（女子）

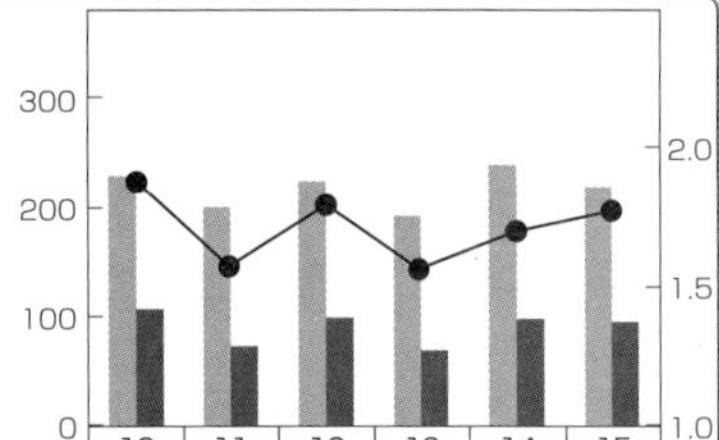

	10	11	12	13	14	15
受検者数	229	200	224	192	239	218
不合格数	107	73	99	69	98	95
実質倍率	1.88	1.57	1.79	1.56	1.70	1.77

戸山（男子）

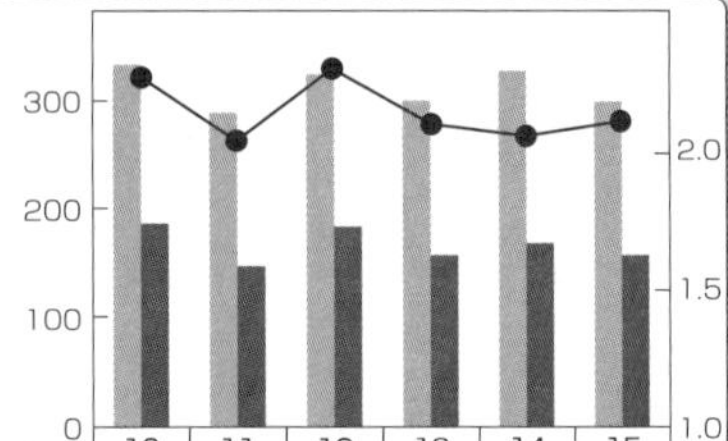

	10	11	12	13	14	15
受検者数	332	288	323	299	326	298
不合格数	186	147	183	157	168	157
実質倍率	2.27	2.04	2.31	2.11	2.06	2.11

八王子東（女子）

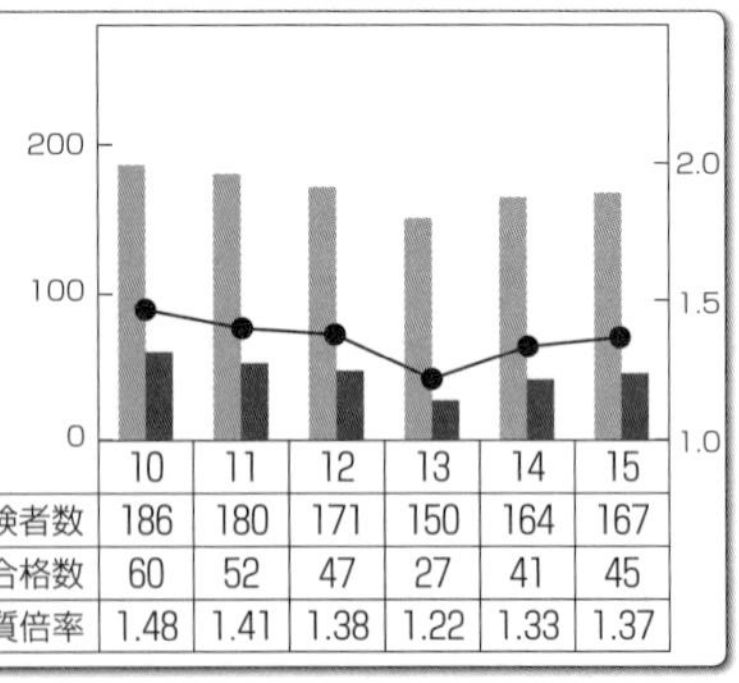

	10	11	12	13	14	15
受検者数	186	180	171	150	164	167
不合格数	60	52	47	27	41	45
実質倍率	1.48	1.41	1.38	1.22	1.33	1.37

八王子東（男子）

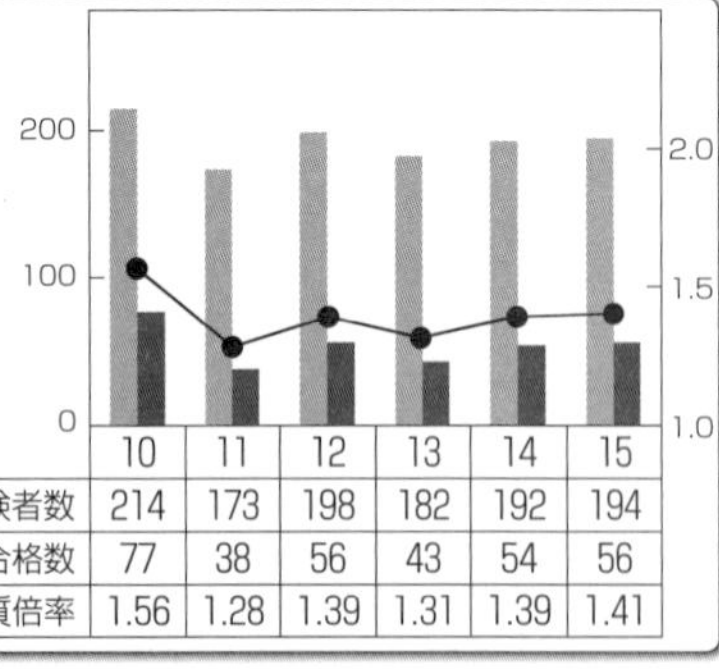

	10	11	12	13	14	15
受検者数	214	173	198	182	192	194
不合格数	77	38	56	43	54	56
実質倍率	1.56	1.28	1.39	1.31	1.39	1.41

青山（女子）

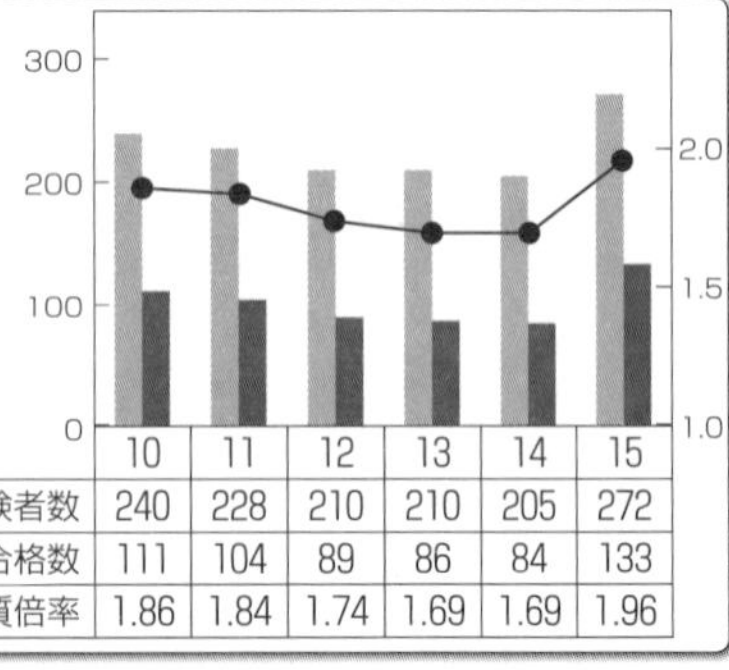

	10	11	12	13	14	15
受検者数	240	228	210	210	205	272
不合格数	111	104	89	86	84	133
実質倍率	1.86	1.84	1.74	1.69	1.69	1.96

国立（男子）

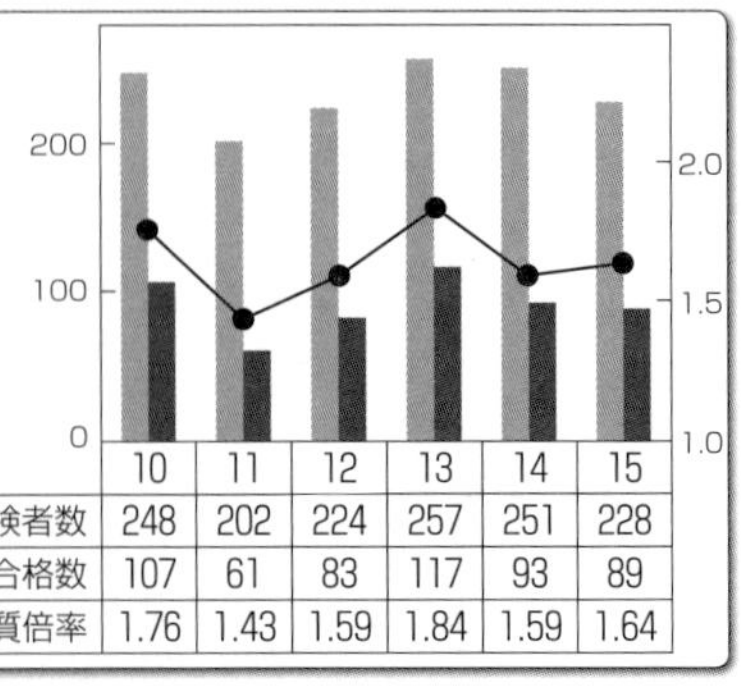

	10	11	12	13	14	15
受検者数	248	202	224	257	251	228
不合格数	107	61	83	117	93	89
実質倍率	1.76	1.43	1.59	1.84	1.59	1.64

立川（女子）

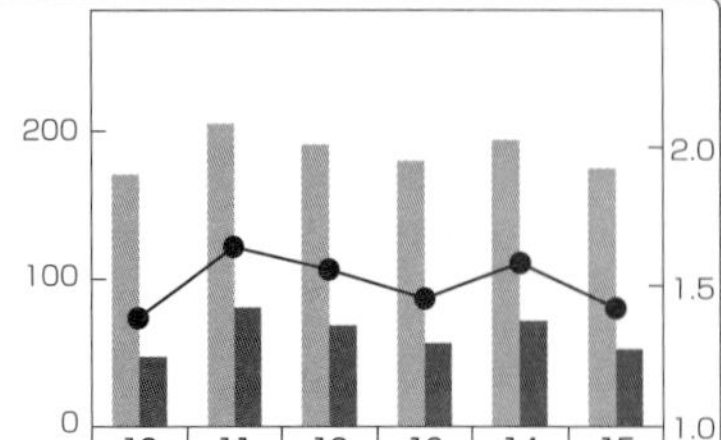

	10	11	12	13	14	15
受検者数	170	204	190	179	193	174
不合格数	47	80	68	56	71	52
実質倍率	1.38	1.65	1.56	1.46	1.58	1.43

立川（男子）

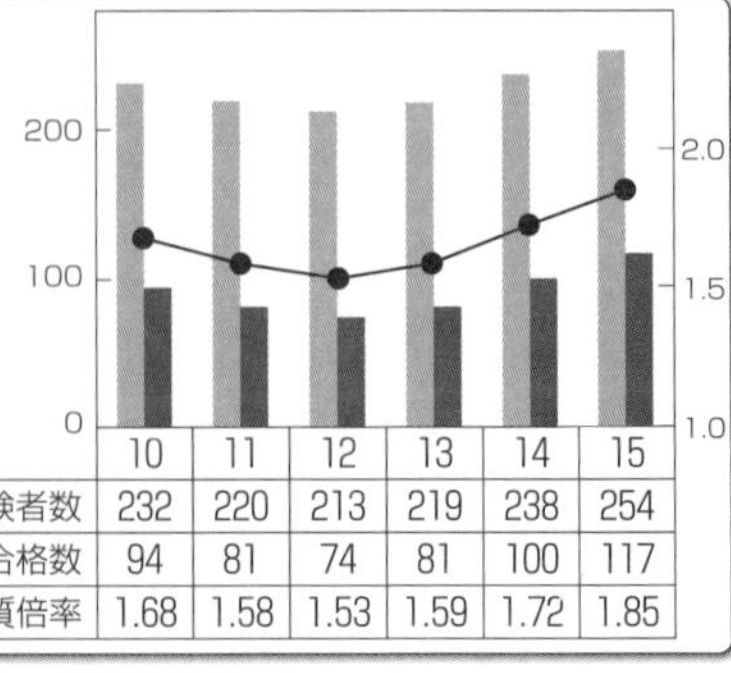

	10	11	12	13	14	15
受検者数	232	220	213	219	238	254
不合格数	94	81	74	81	100	117
実質倍率	1.68	1.58	1.53	1.59	1.72	1.85

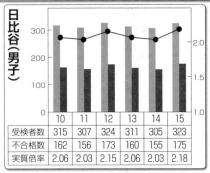

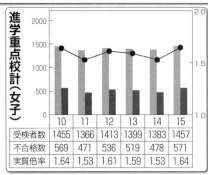

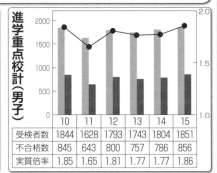

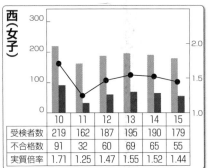

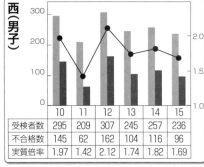

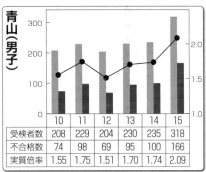

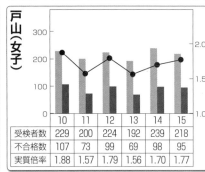

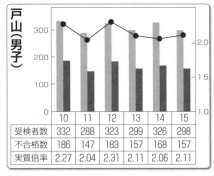

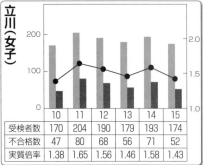

入試結果推移 進学指導特別推進校

特別推進校(女子計)

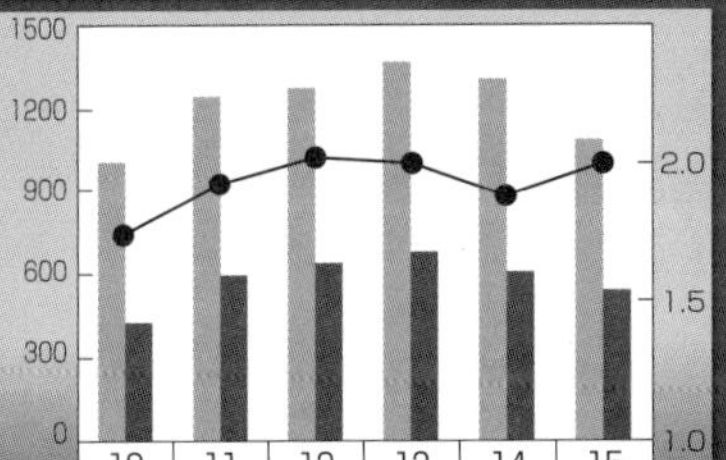

	10	11	12	13	14	15
受検者数	1008	1244	1274	1367	1306	1088
不合格数	428	598	641	681	609	542
実質倍率	1.74	1.93	2.01	1.99	1.87	1.99

特別推進校(男子計)

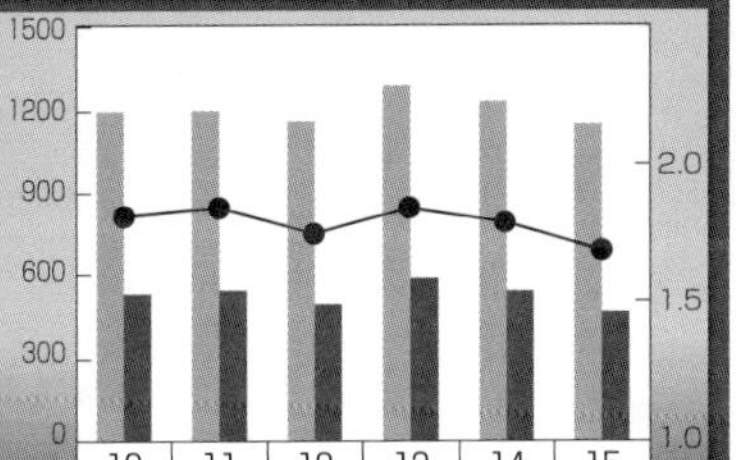

	10	11	12	13	14	15
受検者数	1195	1198	1160	1289	1231	1149
不合格数	533	546	496	590	543	467
実質倍率	1.81	1.84	1.75	1.84	1.79	1.68

国立(女子)

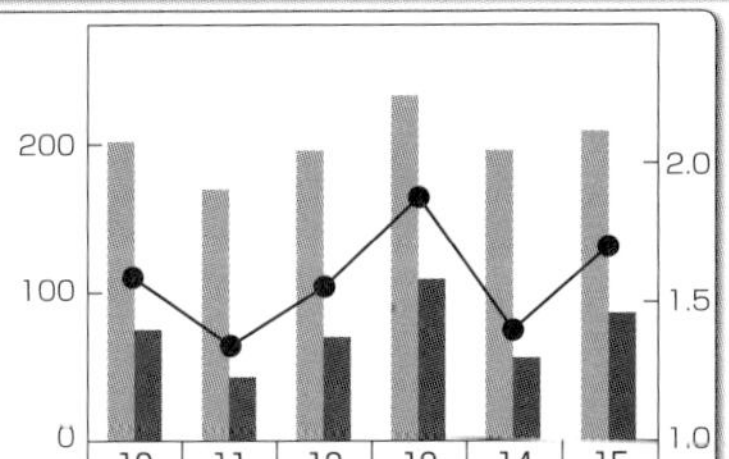

	10	11	12	13	14	15
受検者数	202	170	196	233	196	209
不合格数	75	43	70	109	56	86
実質倍率	1.59	1.34	1.56	1.88	1.40	1.70

国分寺(男子)

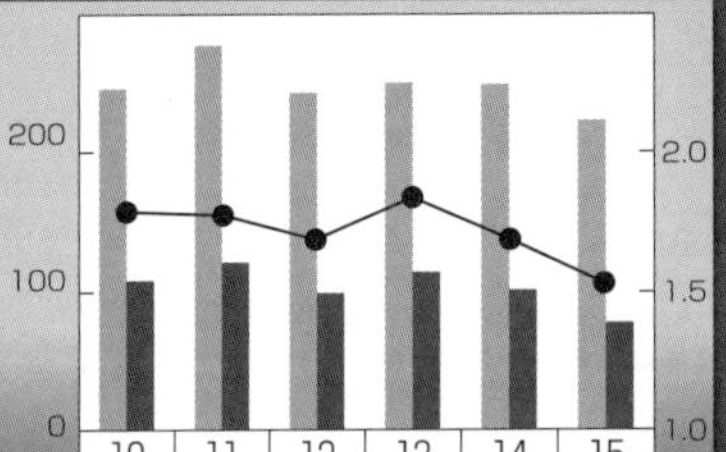

	10	11	12	13	14	15
受検者数	246	277	243	250	249	223
不合格数	108	121	99	114	101	77
実質倍率	1.78	1.78	1.69	1.84	1.68	1.53

新宿(女子)

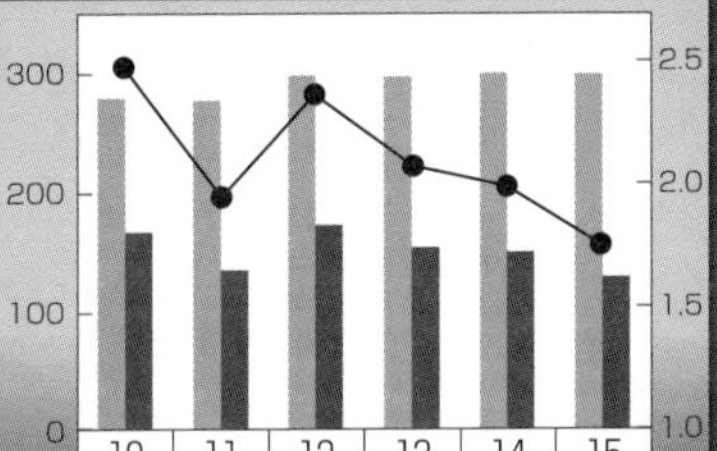

	10	11	12	13	14	15
受検者数	280	278	299	298	301	300
不合格数	167	135	173	154	150	129
実質倍率	2.48	1.94	2.37	2.07	1.99	1.75

新宿(男子)

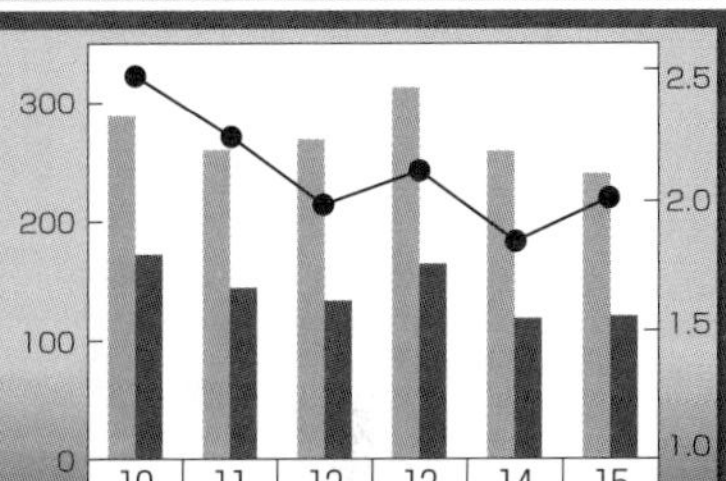

	10	11	12	13	14	15
受検者数	290	261	270	314	260	241
不合格数	173	145	134	165	119	121
実質倍率	2.48	2.25	1.99	2.11	1.84	2.01

国際(女子)

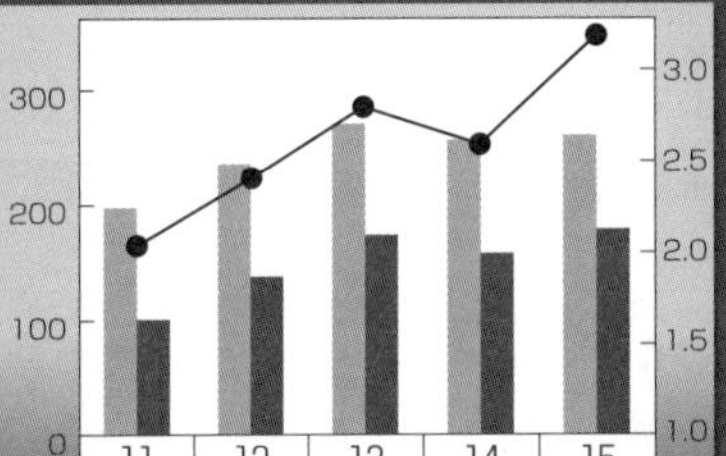

	11	12	13	14	15
受検者数	197	235	270	256	260
不合格数	100	137	173	157	178
実質倍率	2.03	2.40	2.78	2.59	3.17

国際(男子)

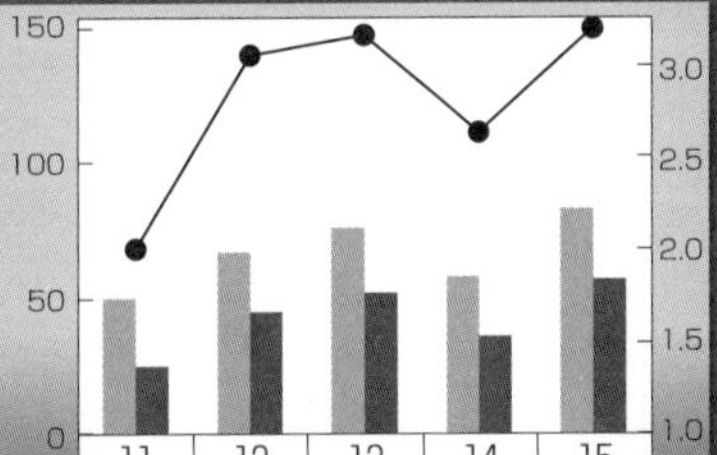

	11	12	13	14	15
受検者数	50	67	76	58	83
不合格数	25	45	52	36	57
実質倍率	2.00	3.05	3.17	2.64	3.19

国分寺(女子)

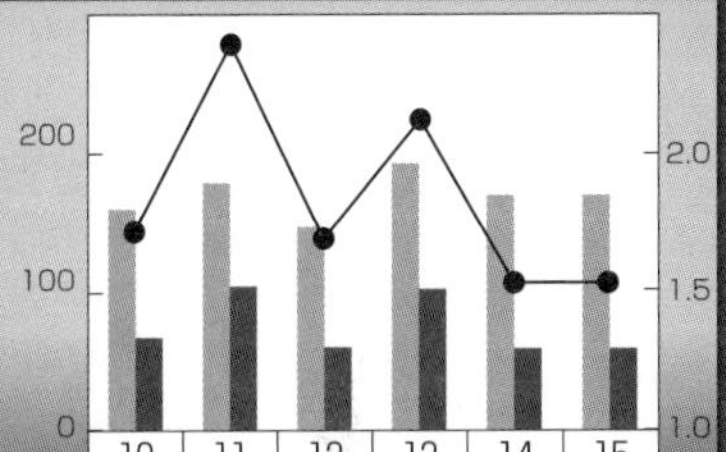

	10	11	12	13	14	15
受検者数	160	179	147	193	170	170
不合格数	67	104	60	102	59	59
実質倍率	1.72	2.39	1.69	2.12	1.53	1.53

駒場(男子)

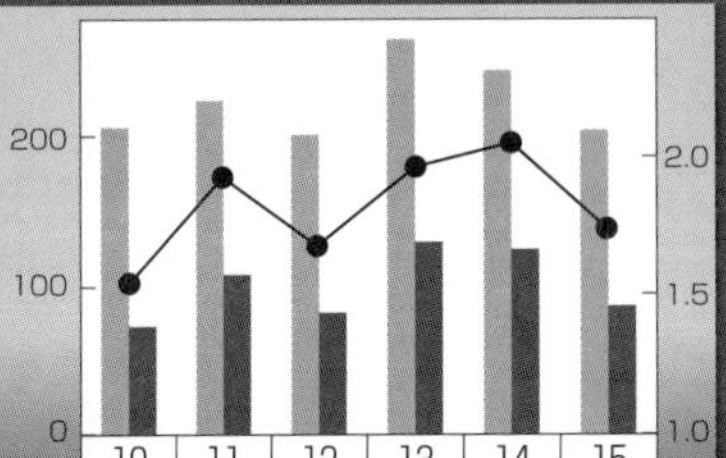

	10	11	12	13	14	15
受検者数	207	225	202	266	245	205
不合格数	73	108	82	130	125	87
実質倍率	1.54	1.92	1.68	1.96	2.04	1.74

小山台(女子)

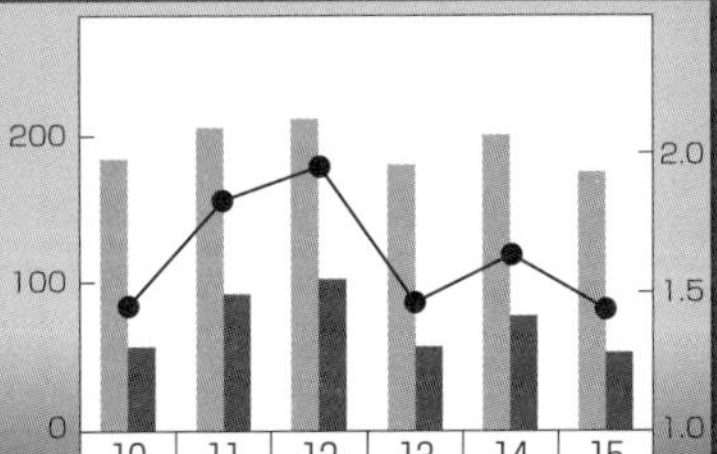

	10	11	12	13	14	15
受検者数	184	205	211	180	200	175
不合格数	57	93	103	57	78	53
実質倍率	1.45	1.83	1.95	1.46	1.64	1.43

小山台(男子)

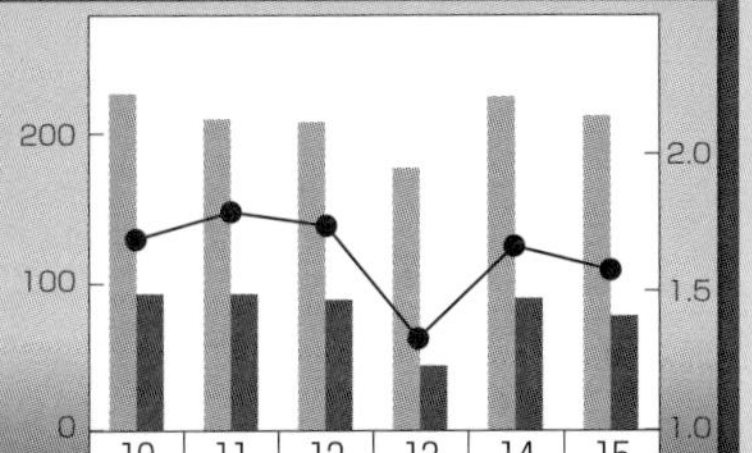

	10	11	12	13	14	15
受検者数	228	211	209	178	226	213
不合格数	93	93	89	44	90	78
実質倍率	1.69	1.79	1.74	1.33	1.66	1.58

町田(女子)

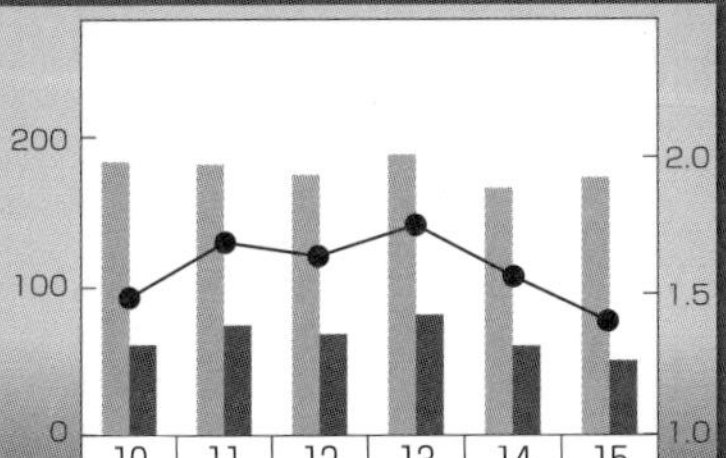

	10	11	12	13	14	15
受検者数	184	182	175	189	166	173
不合格数	61	74	68	81	60	50
実質倍率	1.50	1.69	1.64	1.75	1.57	1.41

町田(男子)

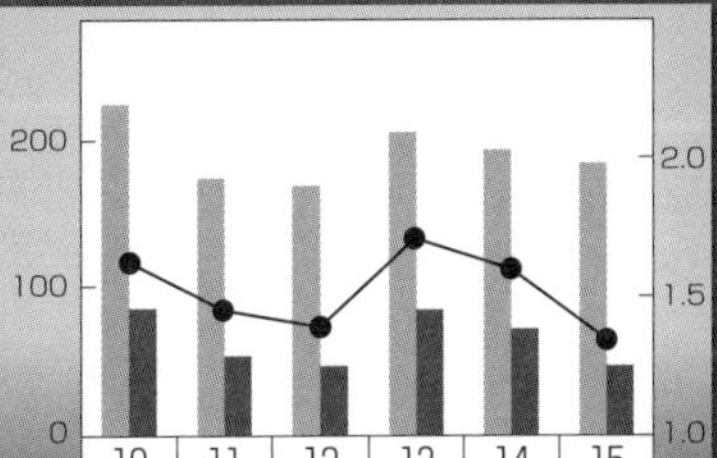

	10	11	12	13	14	15
受検者数	224	174	169	205	193	184
不合格数	86	54	47	85	72	47
実質倍率	1.62	1.45	1.39	1.71	1.60	1.34

駒場(女子)

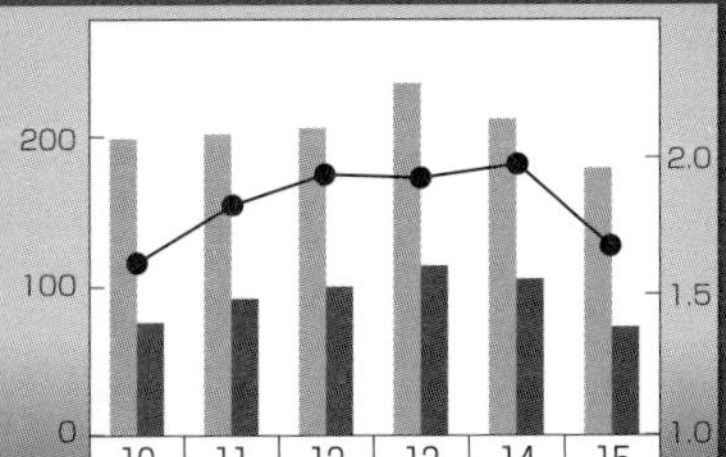

	10	11	12	13	14	15
受検者数	200	203	207	237	213	180
不合格数	76	92	100	114	105	73
実質倍率	1.61	1.83	1.93	1.93	1.97	1.68

受検者数　不合格数　―●― 実質倍率　※男女別定員制をとらない学校（新宿、国分寺、国際）も男女別のデータを出しています。

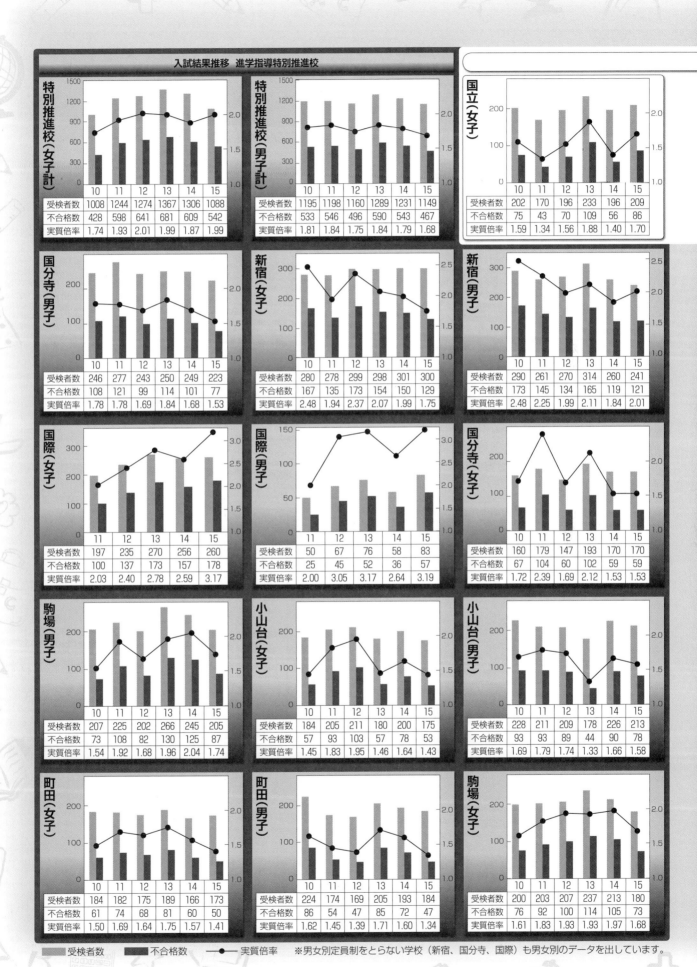

高校入試の基礎知識

神奈川県公立高校入試はどのように行われるか

今月は神奈川県公立高校の入試制度をお話しします。神奈川の公立高校入試では2013年度入試から、それまでの前期・後期の2回選抜制がなくなり1回のみの入試となりました。また、各校で実施されていた独自問題が廃され、全校共通問題となるなど、大きな改革が実行されました。

2013年度の改革後、この春の入試まで、すでに3回の入試を経ていますので、過去の入試制度との比較をしても意味がありません。ここでは、現行の入試制度をなるべくわかりやすく説明していきます。

なお、来年度（2016年度）の入試日程は5月に発表されており、55ページに掲載しました。

神奈川県公立高校の入試制度を見てみよう

神奈川県の公立高校の入試システムは、共通選抜と呼ばれています。これは全日制、定時制、通信制課程でいっせいに入試が行われるからです。全日制はこの1回だけの入試になります（欠員が出た学校のみ二次募集が行われます）。

■募集人員

共通選抜では、各高校の学科・コース等ごとに募集を行います。募集人員は、募集定員の100％です。

■志願に必要なもの

全員が「入学願書」と「面接シート」を志願する高校に提出します。「面接シート」は、面接のときに参考にするものです。

■志願先変更

志願変更が1回できます。志願先変更期間が短いことが受検生を不安にさせていましたが、来春は土日もはさまったことから5日間と、考える時間があります。

■検査内容

共通選抜では、「内申点」「学力検査」「面接」および「特色検査」の結果が選考の資料となります。

「学力検査」は学校独自の問題ではなく全校共通問題です。5教科で、国語・数学・外国語（英語）・社会・理科です。各教科の満点は100点で、試験時間は各50分です。

ただ少数ですが、実施教科に例外があります。後述する「特色検査」を実施する高校では、受検生の負担を減らすために、3～4教科に教科数を減らすことができるからです。

「学力検査」では、「基礎的・基本的な知識および技能」や「思考力、判断力、表現力等」を測ります。「思考力を測る」記述式の問題も出題されます。

「面接」は、個人面接で2人以上の面接担当の先生が行います。面接時間は10分程度です。

「面接」では次の2つの観点から

質問されることになっています。

①『共通の観点』として中学校での学習に対する意欲や部活動などに対する意欲、そしてその高校を志望した理由が問われます。

②『学校ごとの観点』として、その高校に入ってからの、学習や部活動などへの意欲、また将来の希望などを問うことができるとしています。

共通の検査に加えて、「特色検査」を実施する学校があります。

「特色検査」は、「実技検査」「自己表現検査」の2種類です。各高校の判断で2教科以内、各2倍までの範囲で傾斜配点をつけることができます。

「実技検査」の内容は、美術関連の科目ではデッサン、英語関連では英問英答、体育関連ではスポーツ種目実施などがあります。

「自己表現検査」では「テーマに基づく『スピーチ』『グループ討論』」や「教科横断的な記述問題」などで実施されます。記述問題の内容は資料の読み取りや作文などさまざまで、中学校で学んだ内容の理解度を試す問題が多く出されます。

「内申点」は、2年生の成績9教科合計と、3年生の成績9教科合計×2を合わせた135点満点です。ただし、各高校の判断で3教科まで、各2倍の範囲で傾斜配点をつけることができます。

■入学者選抜方法

「第1次選考（募集人員の90％）」と、「第2次選考（募集人員の10％）」を実施します。

第1次選考は、「内申」＋「学力検査」＋「面接」（＋「特色検査」）で選考します。内申：学力検査：面接の比率は各高校が定めます。

第2次選考では内申は資料とせず、「学力検査」＋「面接」（＋「特色検査」）で選考します。

第1次選考では『S1』（後述）の高いものから合格者を決めていき、第2次選考では調査書の評定を使わずに選考します。

S値は次のように求めます。

合計数値S1の計算方法

調査書の評定（A）＝（2年9科）＋（3年9科）×2（135点満点）

学力検査の結果（B）＝5科×100（500点満点）

面接の結果（C）＝面接点

（A）（B）（C）をそれぞれ100点満点に換算し（これをa、b、cとする）、各高校が決めた数値（f、g、h）をかけて合計数値（S）を求める

S1＝（a×f）＋（b×g）＋（c×h）

f、g、hは「2」以上の整数とし、合計して10になるようにする。

合計すると、S1は1000点満点になる。

第2次選考（募集人員の10％を選考）では、調査書のなかの学習の記録は資料とせず、「学力検査」と「面接」中心で合否の判定がなされます。内申では合格ラインに届かない生徒も、当日の学力検査で挽回することが可能です。

※重点化

特定の教科を重視するために点数を有利にする、例えば2倍したりすることを重点化と言っています。

国際科や外国語コースなどでは、英語の評定や英語の入試得点を2倍し、英語の得意な生徒の成績を高くして選考します。

体育コースでは体育の評定を重点化して体育の得意な生徒の成績を高くします。

調査書の評定に関しては、3教科以内を2倍まで重点化をすることができます。また、学力検査については2教科以内を2倍まで重点化することができます。

5月号の答えと解説

漢字クイズの迷路

スタート地点から、漢字クイズの正解を選びながら迷路を進んでください。このとき、クイズの正解がAならば下に、Bならば右に、Cならば上に、Dならば左に進んでください。最後にたどりつく出口は、**あ**～**し**のどこになるでしょうか。

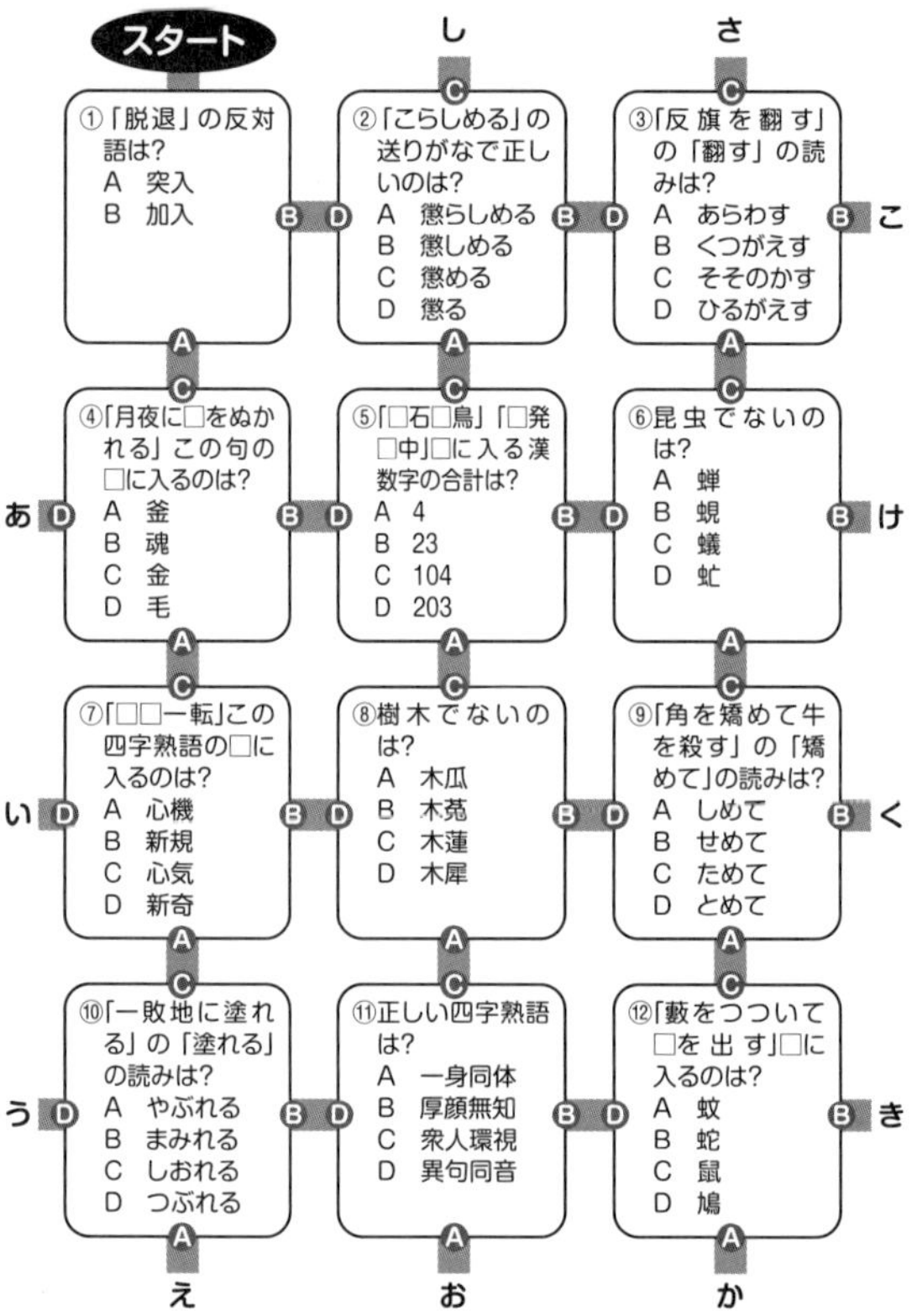
スタート
し
さ
①「脱退」の反対語は?
A 突入
B 加入
②「こらしめる」の送りがなで正しいのは?
A 懲らしめる
B 懲しめる
C 懲める
D 懲る
③「反旗を翻す」の「翻す」の読みは?
A あらわす
B くつがえす
C そそのかす
D ひるがえす
こ
あ
④「月夜に□をぬかれる」この句の□に入るのは?
A 釜
B 魂
C 金
D 毛
⑤「□石□鳥」「□発□中」□に入る漢数字の合計は?
A 4
B 23
C 104
D 203
⑥昆虫でないのは?
A 蝉
B 蜆
C 蟻
D 虻
け
い
⑦「□□一転」この四字熟語の□に入るのは?
A 心機
B 新規
C 心気
D 新奇
⑧樹木でないのは?
A 木瓜
B 木菟
C 木蓮
D 木犀
⑨「角を矯めて牛を殺す」の「矯めて」の読みは?
A しめて
B せめて
C ためて
D とめて
く
う
⑩「一敗地に塗れる」の「塗れる」の読みは?
A やぶれる
B まみれる
C しおれる
D つぶれる
⑪正しい四字熟語は?
A 一身同体
B 厚顔無知
C 衆人環視
D 異句同音
⑫「藪をつついて□を出す」□に入るのは?
A 蚊
B 蛇
C 鼠
D 鳩
き
え
お
か

解答　け

解説

①～⑫のクイズの答えは次の通り。

①	B	②	A	③	D
④	A	⑤	D	⑥	B
⑦	A	⑧	B	⑨	C
⑩	B	⑪	C	⑫	B

ルールに従って、スタートから進むと右の図のようになり、最後にたどりつく出口は「け」になります。

＊クイズの解説

④「月夜に釜をぬかれる」は、明るい月夜に炊飯の釜を盗まれるという意味で、油断していてひどい目にあうことを例えたことわざです。

⑤熟語は、一石二鳥、百発百中。

⑥Bの「蜆」はシジミで、二枚貝の一種で軟体動物。Aはセミ、Cはアリ、Dはアブで、昆虫の仲間。

⑧それぞれの読みは、Aがボケ、Bがミミズク、Cがモクレン、Dがモクセイ。

⑪C以外、正しくは、Aが一**心**同体、Bが厚顔無**恥**、Dが異**口**同音。

⑫「藪をつついて蛇を出す」は、必要のないことをして、思いもしない悪い結果を招くことをいいます。

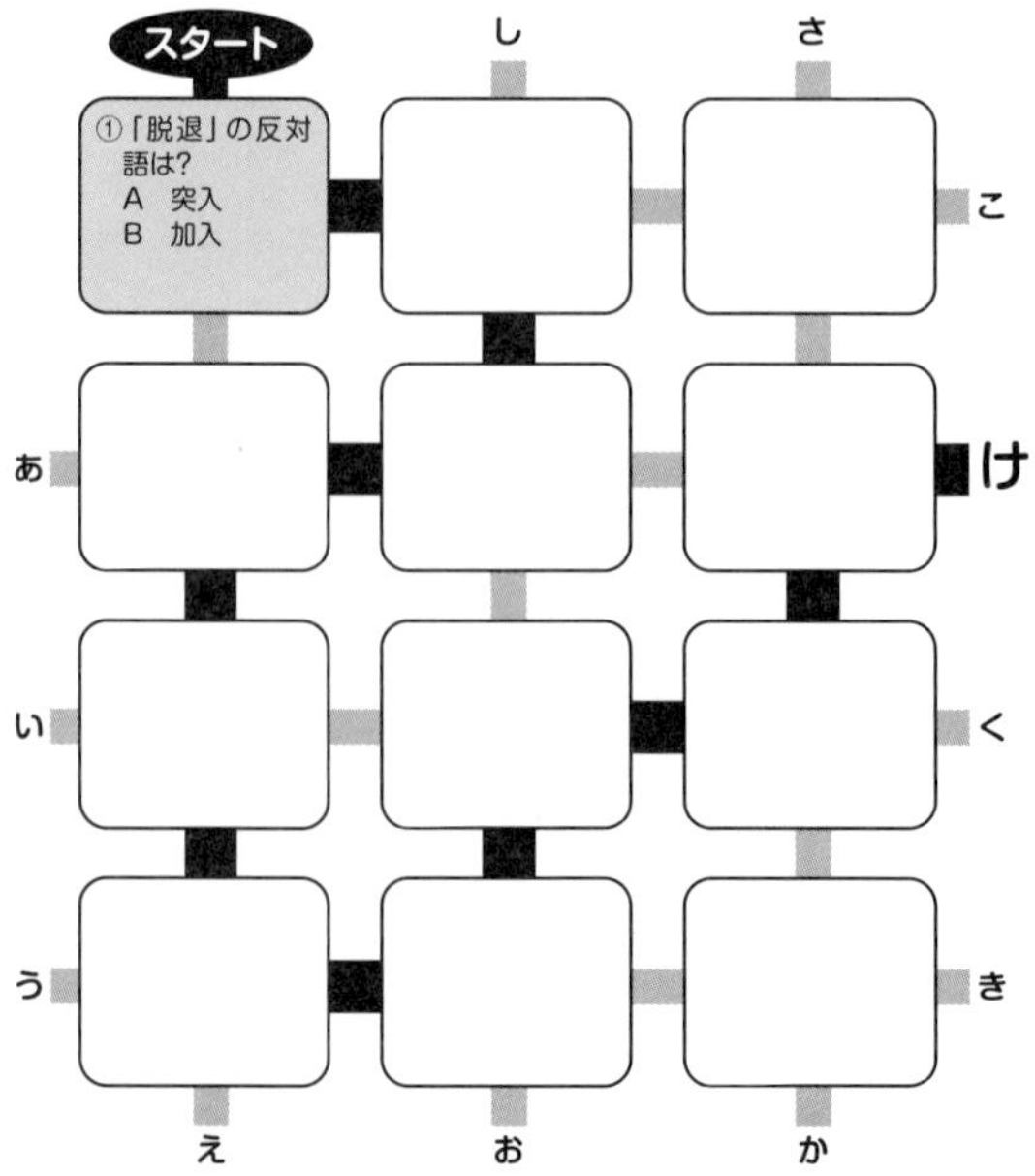
スタート
し
さ
①「脱退」の反対語は?
A 突入
B 加入
こ
あ
け
い
く
う
き
え
お
か

中学生のための

学習パズル

今月号の問題

数字の陣取り合戦

マス目に書かれている数字を手がかりに、マス目を長方形（または正方形）のブロックに区切っていくパズルです。ルールに従って、パズルを解いていきましょう。最後にA、Bが入ったブロックに書かれている数字の合計を答えてください。

例題

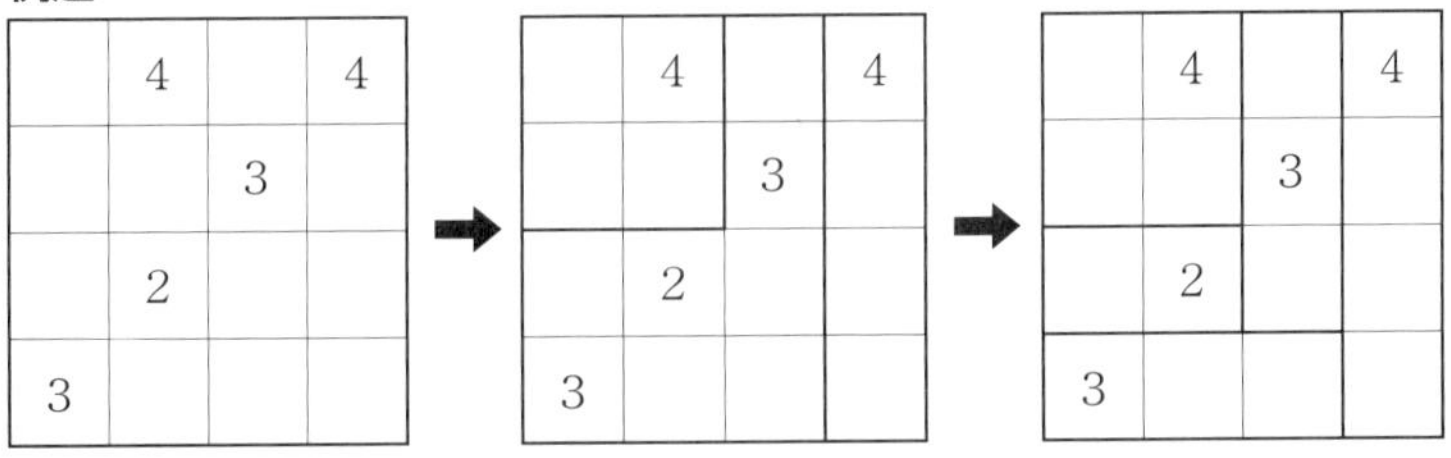

●ルール

①1つのブロックには、数字が1つ入る。

②1ブロックのマスの数は、ブロック内の数字と同じである。

③ブロックは必ず長方形（正方形も含む）になる（例えば「4」の場合は、1×4、2×2、4×1マスの3つのパターンの長方形が考えられる)。

問題

	4					9	
	9			4			
							4
		3			4		
	3			6			
8		A				8	
		2					
			8		4	B	
							4

5月号学習パズル当選者

全正解者35名

齊藤　夏蓮さん（中2・千葉県市川市）

小早川亜美さん（中1・東京都三鷹市）

荒木　愛望さん（中1・千葉県船橋市）

応募方法

●必須記入事項

01　クイズの答え
02　住所
03　氏名（フリガナ）
04　学年
05　年齢
06　右のアンケート解答

◎すべての項目にお答えのうえ、ご応募ください。
◎ハガキ・ＦＡＸ・e-mailのいずれかでご応募ください。
◎正解者のなかから抽選で３名の方に図書カードをプレゼントいたします。
◎当選者の発表は本誌2015年９月号誌上の予定です。

●下記のアンケートにお答えください。

A今月号でおもしろかった記事とその理由
B今後、特集してほしい企画
C今後、取り上げてほしい高校など
Dその他、本誌をお読みになっての感想

◆応募締切日 2015年7月15日（当日消印有効）

◆あて先
〒101-0047　東京都千代田区内神田2-4-2
グローバル教育出版　サクセス編集室
FAX：03-5939-6014
e-mail:success15@g-ap.com

に挑戦！！

成《せい》立《りつ》学《がく》園《えん》高等学校

問題

問一　次の文の傍線部の語と意味・用法が同じものを後のア～エから選びなさい。

①僕が公園で走っていると、弟が後ろから追いかけてきた。

ア、森の木々がさわさわと音を立てはじめた。
イ、僕は公園で弟と遊びました。
ウ、夢中になると、大事な用事を忘れてしまう。
エ、雲が厚くなってきた。すると、雨が降り始めた。

②私のクラスのモットーは明るいあいさつだ。

ア、私のクラスは、授業になるととても静かだ。
イ、教室に風邪が舞いこんできて、机の上のプリントが飛んだ。
ウ、私の弟は小学五年生だ。
エ、とんだ災難にあったものだ。

問二　次の語群の漢字を四つずつ組み合わせて四字熟語を二つ完成させなさい。（同じ漢字を二度使わないこと。）

哀　一　外　核　患　喜　三　四　東　内　二　満　文　楽　憂

問三　次の例に従って空欄①にあてはまる漢字を答えなさい。

（例）

直
設　立　件
場

造
助　①　就
熟

解答　問一. ①ウ　②ウ　問二. 内憂外患・二束三文　問三. 成

■東京都北区東十条6-9-13
■JR京浜東北線・埼京線「赤羽駅」・JR京浜東北線「東十条駅」徒歩8分、地下鉄南北線・埼玉高速鉄道「赤羽岩淵駅」徒歩14分
■03-3902-5494
■http://www.seiritsu.ac.jp/

オープンスクール　要予約
8月2日（日）　10：00～14：00

学校説明会　要予約
すべて13：00～14：00
9月12日（土）　10月10日（土）
11月14日（土）

個別相談会
すべて10：00～15：00
9月19日（土）　10月17日（土）
10月24日（土）　11月21日（土）

成立祭（文化祭）　要予約
両日とも10：00～15：00
9月26日（土）　9月27日（日）

法《ほう》政《せい》大《だい》学《がく》女《じょ》子《し》高等学校

問題

次の対話文の（　）に入る最も適切なものを選択肢から1つ選び、記号で答えなさい。

1．A：I bought some candies. Would you like some?
B：（　）I have stopped eating between meals.
ア. No, thank you.　イ. Sure, I would.
ウ. Help yourself.　エ. Yes, I'm full.

2．A：I'd like to speak to Mr. Sato, please.
B：（　）
A：Oh, really? Is this 556-7789?
B：No, it's 566-7789.
ア. What number are you calling?
イ. Sorry, we have no Mr. Sato in our office.
ウ. Sure. May I have your name, please?
エ. He is out now, but he will be back soon.

3．A：Lisa, it's so hot in this room. Don't you think so?
B：Really?（　）
A：Yes, please. Thanks.
ア. Shall I open the window?
イ. Can you open the window?
ウ. I like the summer season better.
エ. It will be sunny today.

4．A：Mom, I'm hungry.
B：Are you?（　）
A：Let's go out for dinner, then.
ア. I haven't cooked anything yet.
イ. I'm not hungry at all.
ウ. Do you have something to eat?
エ. The restaurant is already closed.

5．A：Thank you for inviting me to your concert tonight.
B：We are happy to have you here.（　）the music?
A：Oh, it was very nice. Please invite me again.
ア. Would you like　イ. Do you like to play
ウ. Will you listen to　エ. How did you like

解答　1. ア　2. イ　3. ア　4. ア　5. エ

■神奈川県横浜市鶴見区岸谷1-13-1
■京浜急行線「生麦駅」徒歩5分
■045-571-4482
■https://www.hosei.ac.jp/general/jyoshi/

学校見学会　要予約
8月29日（土）9：30、10：30、11：30

学校説明会
10月17日（土）　13：30、14：30
11月8日（日）　10：30、13：00
11月28日（土）　13：30、14：30

オレンジ祭（文化祭）　チケット制
9月26日（土）　12：30～15：30
9月27日（日）　9：00～15：30

私立高校の入試問題

十《じゅう》文《もん》字《じ》高等学校

■ 東京都豊島区北大塚1-10-33
■ JR山手線「大塚駅」「巣鴨駅」・都営三田線「巣鴨駅」・都電荒川線「大塚駅前駅」徒歩5分
■ 03-3918-0511
■ http://js.jumonji-u.ac.jp/

入試説明会・個別相談
10月10日（土）　10月31日（土）
11月14日（土）　11月28日（土）
12月12日（土）

学校見学会
7月28日（火）　8月22日（土）

帰国生入試説明会
7月29日（水）　10月17日（土）

個別相談会
12月23日（水祝）　1月6日（水）

十文字祭（文化祭）
9月19日（土）　9月20日（日）

問題

右の図のように，2直線 $y = -x + 6$ …①，$y = ax + 2$ …②がある。直線①と x 軸，y 軸との交点をそれぞれA，Bとする。

このとき，次の問いに答えよ。

(1) 直線②が△OABの面積を2等分するとき，①と②の交点の座標を求めよ。

(2) 直線①の x の変域が $2 \leqq x \leqq b$，直線②の x の変域が $-1 \leqq x \leqq 1$ のとき，①と②の y の変域は等しくなる。このとき，a，b の値を求めよ。ただし，$a > 0$ とする。

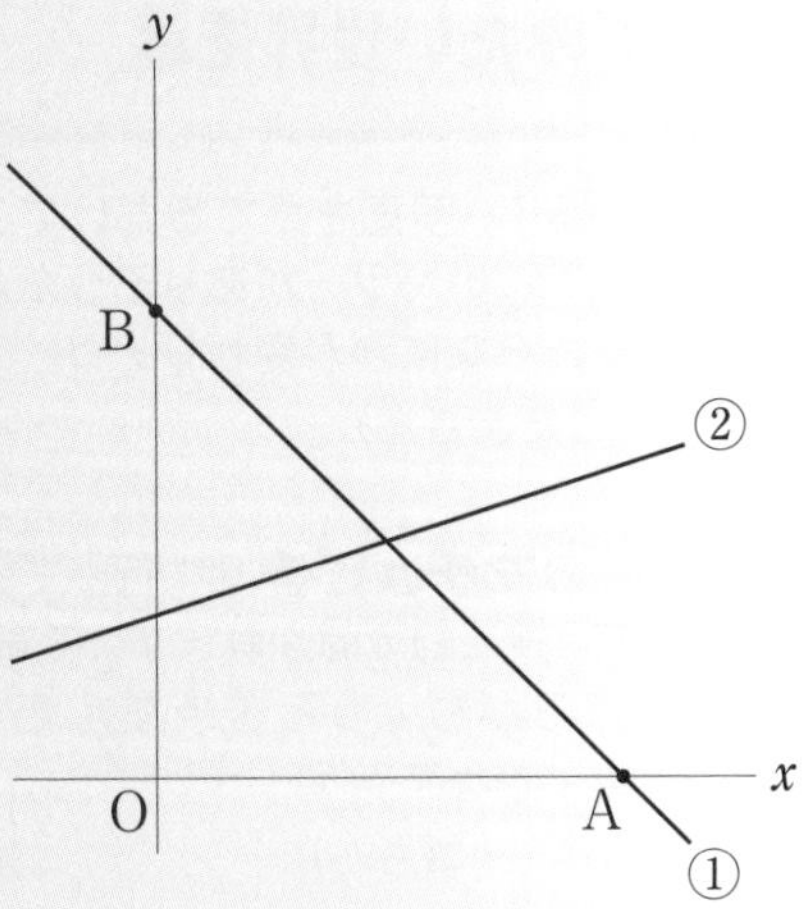

解答　(1) $\left(\frac{9}{2}, \frac{3}{2}\right)$　(2) $a = 2$、$b = 6$

順《じゅん》天《てん》高等学校

■ 東京都北区王子本町1-17-13
■ JR京浜東北線・地下鉄南北線「王子駅」・都電荒川線「王子駅前駅」徒歩3分
■ 03-3908-2966
■ http://www.junten.ed.jp/

学校説明会
①8月1日（土）　②9月19日（土）
③10月17日（土）　④10月31日（土）
①③ 9：00～都内生対象、13：00～都外生対象
②④ 13：00～都内生対象、15：00～都外生対象

個別相談会
①8月1日（土）　②9月19日（土）
③10月17日（土）　④10月31日（土）
①③10：30～都内生対象、14：30～都外生対象
②④14：30～都内生対象、16：30～都外生対象

北斗祭（文化祭）
9月26日（土）12：00～15：00
9月27日（日）9：00～15：00

問題

図のように，放物線 $y = \frac{1}{2}x^2$ 上に2点P，Qがあり，Pの x 座標は -2，Qの x 座標は4である。また，Pを通り，傾き $-\frac{1}{2}$ の直線を ℓ とする。このとき，線分PQ上に x 座標が負である点Aをとり，Aから y 軸と平行に引いた直線と直線 ℓ との交点をB，Bから x 軸と平行に引いた直線と放物線との交点をCとする。四角形ABCDが正方形のとき，次の問いに答えなさい。

(1) 直線PQの式を求めなさい。

(2) 直線 ℓ の式を求めなさい。

(3) 点Cの x 座標を t とおいたとき，点Bの座標を t を用いて表しなさい。

(4) ABの長さを t を用いて表しなさい。

(5) 点Cの座標を求めなさい。

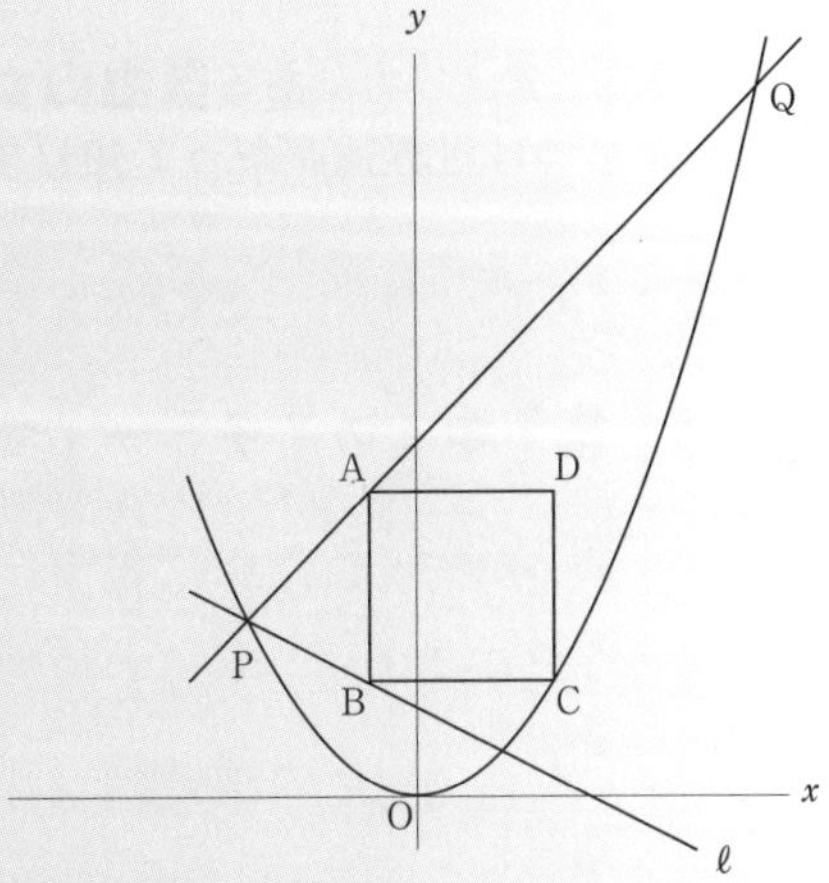

解例　(1) $y = x + 4$　(2) $y = -\frac{1}{2}x + 1$　(3) $\left(2 - t^2, \frac{1}{2}t^2\right)$　(4) $AB = -\frac{3}{2}t^2 + 6$　(5) $\left(\frac{8}{5}, \frac{32}{25}\right)$

Letter section

みんなの お便りコーナー

サクセス広場

テーマ

学校自慢

クラス数が少ないのでみんな仲よし！ **運動会での団結力**はどの学校にも負けません！！！
（中2・6.16日誕生さん）

校庭がかなり広いので、サッカー、ドッジボール、鬼ごっことかが同時進行でできます。なので休み時間の校庭はいつも人がいっぱいいます。
（中3・ダッシュさん）

うちの学校には**おもしろい先生**がたくさんいます！ 授業もとっても楽しいです。校長先生も優しくて友だちとよく校長室に遊びにいきます。
（中2・学校大好きさん）

とにかく**生徒の人数が多く**て、色々な人と友だちになれるので毎日がすごく楽しいです。
（中2・I.Y.さん）

校舎の建て替え工事が最近終わって、すごく明るくなりました。光がたくさん入ってくるし、木がいっぱい使われていて過ごしやすいです。
（中2・モクモクさん）

飼っている動物がいっぱいいます。その世話をする係になりました。ウサギがメチャクチャかわいいです！
（中1・ウサギ部屋さん）

テーマ

見てみたい世界遺産

屋久島！ 写真を見てるだけでもなんだかすごいパワーがありそうだから。行ったらなにかが変わりそう。
（中2・こだまさん）

ペルーの**マチュピチュ**に行ってみたいです。神秘的で惹かれます。でも、高いところがちょっと苦手なんですが、大丈夫かな？
（中3・アミーゴさん）

エジプトの**ピラミッド**と**スフィンクス！** あんなものを大昔に作ったなんて信じられない。
（中2・ギザギザさん）

知床に行きたいです。一度家族旅行で行ってから、自然がたくさんあって北海道が大好きになりました。
（中1・野生児さん）

色々な生物がいるらしい**ガラパゴス諸島**に行ってみたい。一番会いたいのはゾウガメ。
（中1・リクガメ飼ってますさん）

この前、アメリカにある**自由の女神**像がじつは世界遺産だって知りました。お台場のは見たことがあるんだけど…。
（中3・アメリカ行きたい！）

テーマ

日本のいいところ

公衆トイレの**便座があったかい。**
（中3・水瓶座、変人代表さん）

やっぱり**四季**が存在するのがいいと思う。同じ場所でも春夏秋冬でいろんな風景が楽しめるのは素敵！
（中3・しーずんずんさん）

和食がおいしい。これでしょう。
（中2・食いしん坊バンザイ）

銭湯がある。近所の銭湯は、外国人にも人気らしい。大きなお風呂って気持ちいい～！
（中2・てるまえさん）

海外の友だちに、**日本の電車**は時間通りに来て、止まる位置も決まっているからすごいと言われました。当たり前だと思っていたけど、すごいことなんですね。
（中2・おおざっぱのO型さん）

着物。きれいだし、ピシッと着こなしている人はかっこいいと思う。
（中3・51さん）

必須記入事項

A／テーマ、その理由 B／住所 C／氏名
D／学年 E／ご意見、ご感想など

ハガキ、FAX、メールを下記までどしどしお寄せください!
住所・氏名は正しく書いてください!!
ペンネームは氏名のうしろに( )で書いてネ!
【例】サク山太郎（サクちゃん）

宛先

〒101-0047 東京都千代田区内神田2-4-2
グローバル教育出版 サクセス編集室
FAX:03-5939-6014
e-mail:success15@g-ap.com

募集中のテーマ

「夏休みにしたいこと」

「お小遣いなにに使ってる?」

「人生最大の失敗」

応募〆切 2015年7月15日

ここにメールしてね!!

success15

ケータイ・スマホから上のQRコードを読み取り、メールすることもできます。

Present!! 掲載された方には抽選で**図書カード**をお届けします!

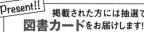

サクセス イベントスケジュール

6月～7月

世間で注目のイベントを紹介

七夕

7月7日といえば、七夕だね。五節句の１つで、日本・中国・韓国・台湾・ベトナムなどでも行われているけれど、笹の葉を飾る風習があるのは日本だけなんだ。近年では、今回紹介した「下町七夕まつり」のように、カラフルできれいな七夕飾りが見られる楽しいイベントも多いよ。

＼絶世の美女クレオパトラ／

クレオパトラとエジプトの王妃展

7月11日（土）～9月23日（水・祝）
東京国立博物館　平成館

約5000年前に誕生し、ピラミッドやミイラ、死者の書など独自の文化を築いた古代エジプトがテーマの展覧会。メインテーマは古代エジプトの王妃や女王たちで、「絶世の美女」として語り継がれる女王・クレオパトラにまつわるものも多く、世界中から集結した貴重な名品から、古代エジプトの世界と神秘に触れられるまたとないチャンスだ。

〈クレオパトラ〉プトレマイオス朝時代（前1世紀前半）トリノ・エジプト博物館蔵 ©Archivio Soprintendenza per i Beni Archeologici del Piemonte e del Museo Antichità Egizie

「クレオパトラとエジプトの王妃展」の招待券を5組10名様にプレゼントします。応募方法は下記を参照。

＼美しい七夕飾りは必見！／

第28回下町七夕まつり

7月3日（金）～7月8日（水）
台東区かっぱ橋本通り

毎年、浅草から上野にかけての「かっぱ橋本通り」で開催される「下町七夕まつり」。たくさんの大竹や、カラフルできれいな七夕飾りで商店街が彩られる様子は圧巻だ。地元商店会員による模擬店をはじめ、パレード、阿波踊りなどのパフォーマンス、フォトコンテストなど、楽しいイベントも盛りだくさん。わいわい楽しめる下町のお祭だよ。

＼写真のなかの現実／

世界報道写真展2015

6月27日（土）～8月9日（日）
東京芸術劇場ギャラリー１

世界的に権威のあるドキュメンタリー、報道写真のコンテスト、「世界報道写真コンテスト」。今年の2月12日に発表された第58回の入賞作品を展示する写真展が開催される。スポットニュース、スポーツ、自然など８つの部門からなる受賞作品は、写真としてのすばらしさに加え、知られざる世界各地の現実の姿を見ることができる貴重な機会だ。

アミ・ヴィタール（アメリカ、ナショナルジオグラフィック誌）ケニア北部、レワダウンズ自然保護区

岸　遼「atOms」

＼動きがもたらす表現力／

動きのカガク展

6月19日（金）～9月27日（日）
21_21 DESIGN SIGHT

「動き」をテーマに、科学技術の発展とデザインの関係を考えるユニークな展覧会。多数のアーティストや企業による多種多様な「動く」作品の展示から、「動き」の仕組みを知り、その楽しさやおもしろさに触れることができる。自分の考え出したアイデアが形となり、動き出す。そんなものづくりの純粋な喜びや楽しさを再認識できるはず。

河鍋暁斎《美人観蛙戯図》明治4（1871）年以降　河鍋暁斎記念美術館蔵

「画鬼・暁斎展」の招待券を5組10名様にプレゼントします。応募方法は下記を参照。

＼画鬼と称された人気絵師／

画鬼・暁斎－KYOSAI

幕末明治のスター絵師と弟子コンドル
6月27日（土）～9月6日（日）
三菱一号館美術館

幕末から明治にかけて活躍した絵師・河鍋《かわなべ》暁斎《きょうさい》。優艶《ゆうえん》な美人画に、迫力ある錦絵、そして怪しげな妖怪の絵まで…。卓越した画力と、１人の人物が描いたとは思えないほどのユニークな暁斎の画業が堪能できる展覧会だ。彼の弟子である、英国人建築家ジョサイア・コンドル（三菱一号館はコンドルの設計）との師弟愛も交えて紹介しているよ。

ウミサソリ（CG）

「生命大躍進展」の招待券を5組10名様にプレゼントします。応募方法は下記を参照。

＼生命の進化を学ぶ／

特別展　生命大躍進　脊椎《せきつい》動物のたどった道

7月7日（火）～10月4日（日）
国立科学博物館

上野の国立科学博物館に、世界中から生命の進化に関する貴重な化石が大集結！　40億年という膨大な年月をかけて進化や絶滅を積み重ね、現在の姿となった生命の軌跡をたどる特別展が開催される。生命の誕生、カンブリア大爆発、海から陸への生命の進化、ほ乳類の出現と多様化など、生命の進化の過程で重要となる出来事に注目しながら学べるよ。

招待券プレゼント！　希望する展覧会の名称・住所・氏名・年齢・「サクセス15」を読んでのご意見ご感想を明記のうえ、編集部までお送りください（応募締切2015年7月15日必着　あて先は69ページ参照）。当選の発表は賞品の発送をもってかえさせていただきます。

Success15 fifteen Back Number

サクセス15 バックナンバー好評発売中！

2014 5月号

先輩教えて！　合格をつかむための13の質問

数学っておもしろい！数の不思議

SCHOOL EXPRESS
早稲田大学高等学院

Focus on 公立高校
神奈川県立湘南

2015 4月号

国立・公立・私立徹底比較2015

東大生オススメブックレビュー

SCHOOL EXPRESS
早稲田実業学校高等部

Focus on 公立高校
神奈川県立横浜緑ケ丘

2015 6月号

キミもチャレンジしてみよう 高校入試数学問題特集

一度は行ってみたい！世界&日本の世界遺産

SCHOOL EXPRESS
慶應義塾志木

Focus on 公立高校
東京都立富士

2015 3月号

もっと知りたい！高大連携教育

宇宙について学べる施設

SCHOOL EXPRESS
国際基督教大学

Focus on 公立高校
茨城県立土浦第一

2015 2月号

受験生必見！入試直前ガイダンス

2014年こんなことがありました

SCHOOL EXPRESS
昭和学院秀英

Focus on 公立高校
東京都立青山

2015 1月号

学年別冬休みの過ごし方

パワースポットで合格祈願

SCHOOL EXPRESS
慶應義塾湘南藤沢

Focus on 公立高校
千葉県立千葉東

2014 12月号

いまから知ろう！首都圏難関私立大学

スキマ時間の使い方

SCHOOL EXPRESS
明治大学付属明治

Focus on 公立高校
埼玉県立川越

2014 11月号

過去問演習5つのポイント

本気で使える文房具

SCHOOL EXPRESS
立教新座

Focus on 公立高校
神奈川県立柏陽

2014 10月号

大学生の先輩に聞く 2学期から伸びる勉強のコツ

「ディベート」の魅力とは

SCHOOL EXPRESS 筑波大学附属駒場

Focus on 公立高校 千葉県立薬園台

2014 9月号

こんなに楽しい！高校の体育祭・文化祭

英語でことわざ

SCHOOL EXPRESS 渋谷教育学園幕張

Focus on 公立高校 東京都立国分寺

2014 8月号

2014年夏休み徹底活用術

夏バテしない身体作り

SCHOOL EXPRESS 市川

Focus on 公立高校 埼玉県立川越女子

2014 7月号

イチから考える志望校の選び方

日本全国なんでもベスト3

SCHOOL EXPRESS 筑波大学附属

Focus on 公立高校 東京都立三田

2014 6月号

難関国立・私立校の入試問題分析2014

快眠のススメ

SCHOOL EXPRESS 豊島岡女子学園

Focus on 公立高校 埼玉県立春日部

2014 5月号

先輩に聞く!! 難関校合格への軌跡

高校図書館&オススメ本

SCHOOL EXPRESS お茶の水女子大学附属

Focus on 公立高校 神奈川県立厚木

2014 4月号

勉強も部活動も頑張りたいキミに両立のコツ、教えます

水族館・動物園などのガイドツアー

SCHOOL EXPRESS 慶應義塾

Focus on 公立高校 東京都立駒場

2014 3月号

どんなことをしているの？高校生の個人研究・卒業論文

理系知識を活かしたコンテスト

SCHOOL EXPRESS 東京学芸大学附属

Focus on 公立高校 千葉県立船橋

これより前のバックナンバーはホームページでご覧いただけます（http://success.waseda-ac.net/）

How to order バックナンバーのお求めは

バックナンバーのご注文は電話・FAX・ホームページにてお受けしております。詳しくは80ページの「information」をご覧ください。

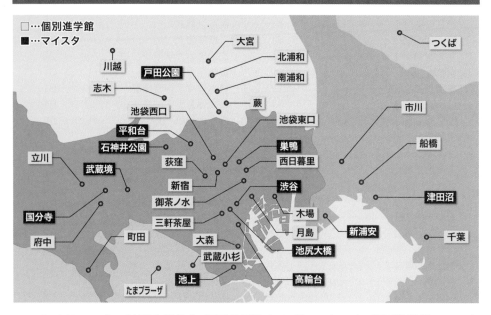

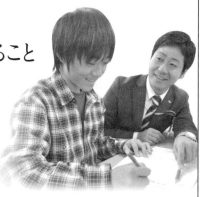

「個別指導」という選択肢――

《早稲田アカデミーの個別指導ブランド》

MYSTA 早稲田アカデミー 個別指導マイスタ

早稲田アカデミー 個別進学館

目標・目的から逆算された学習計画

マイスタ・個別進学館は早稲田アカデミーの個別指導ブランドです。個別指導の良さは、一人ひとりに合わせた指導。自分のペースで苦手科目・苦手分野の学習ができます。しかし、目標には必ず期日が必要です。そこで、期日までに必要な学習内容を終えるための、逆算された学習計画が必要になります。早稲田アカデミーの個別指導では、入塾の際に長期目標／中期目標を保護者・お子様との面談を通じて設定し、その目標に向かって学習計画を立てることで、勉強への集中力を高めるようにしています。

集団授業のノウハウを個別指導用にカスタマイズ

マイスタ・個別進学館の学習カリキュラムは、早稲田アカデミーの集団授業のカリキュラムを元に、個別指導用にカスタマイズしたカリキュラムです。目標達成までに何をどれだけ学習するかを明確にし、必要な学習量を示し、毎回の授業・宿題を通じて目標に向けて学習し続けるためのモチベーションを維持していきます。そのために早稲田アカデミー集団校舎が持っている『学習する空間作り』のノウハウを個別指導にも導入しています。

難関校にも対応

マイスタ・個別進学館は進学個別指導塾です。早稲田アカデミー教務部と連携し、難関校と呼ばれる学校の受験をお考えのお子様の学習カリキュラムも作成します。また、早稲田アカデミーオリジナルの難関校向け教材も、カリキュラムによっては使用することができます。

好きな曜日!!

「火曜日はピアノのレッスンがあるので集団塾に通えない…」そんなお子様でも安心!!好きな曜日や都合の良い曜日に受講できます。

1科目でもOK!!

「得意な英語だけを伸ばしたい」「数学が苦手で特別な対策が必要」など、目的・目標は様々。1科目限定の集中特訓も可能です。

好きな時間帯!!

「土曜のお昼だけに通いたい」というお子様や、「部活のある日は遅い時間帯に通いたい」というお子様まで、自由に時間帯を設定できます。

回数も自由に設定!!

一人ひとりの目標・レベルに合わせて受講回数を設定できます。各科目ごとに受講回数を設定できるので、苦手な科目を多めに設定することも可能です。

苦手な単元を徹底演習!

平面図形だけを徹底的にやりたい。関係代名詞の理解が不十分、力学がとても苦手…。オーダーメイドカリキュラムなら、苦手な単元だけを学習することも可能です!

定期テスト対策をしたい!

塾の勉強と並行して、学校の定期テスト対策もしたい。学校の教科書に沿った学習ができるのも個別指導の良さです。苦手な科目を中心に、テスト前には授業を増やして対策することも可能です。

お子様の夢、目標を私たちに応援させてください。

無料 個別カウンセリング 受付中

その悩み、学習課題、私たちが解決します。　個別相談時間 30分～1時間

勉強に関することで、悩んでいることがあればぜひ聞かせてください。経験豊富なスタッフが最新の入試情報と指導経験をフルに活用し、丁寧にお応えします。　※ご希望の時間帯でご予約できます。お電話にてお気軽にお申し込みください。

早稲田アカデミーの個別指導は首都圏に37校〈マイスタ12教室 個別進学館25校舎〉

パソコン・スマホで　MYSTA　または　個別進学館　検索

～サクセス18のご紹介～

サクセス18は早稲田アカデミーが創った現役生難関大学受験専門塾です。

昨年比UP!! **東京大学** 最難関 理科Ⅲ類 3名合格 **66名合格!**

当塾史上最高数更新!! **早慶上智大 576名合格!**

当塾史上最高数更新!! **GMARCH理科大 830名合格!**

早稲田 299名合格

慶應義塾 132名合格

上智 145名合格

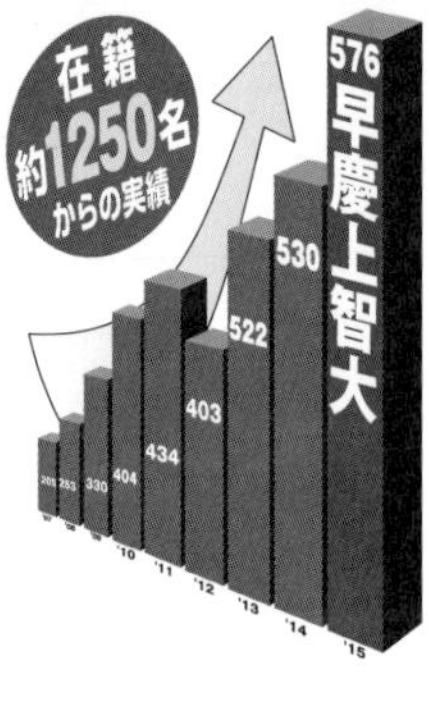

2015年度 大学入試合格体験記

東京大学［理科Ⅰ類］合格

早稲田大学［創造理工学部］

栗嶋 寛基（私立開成高校）

最高の学び舎

僕は、高一から早稲田アカデミーにお世話になりました。早稲田アカデミーの授業は、オリジナル教材を用いながら、講義・演習・ディスカッションなど、それぞれの科目に適した授業形態をとっていて、本質をより簡単に学ぶことができました。また、授業中の教室には心地よい緊張感が保たれていたので、本質をより簡単に学ぶことが出来ましたし、集中して勉強に取り組むことが出来ました。高3になると毎週日曜日に東大必勝講座が設けられ、東大頻出の単元に絞った演習をこなすことで、東大受験において大きなアドバンテージを獲得することが出来たと思います。さらに、センター試験が終わると、毎週テストゼミが行われ、テストに対する経験値を高めるとともに、周りのライバルたちと切磋琢磨することで、受験当日まで高いモチベーションを維持することが出来ました。勉強面以外においても、早稲田アカデミーには、質の高い自習室や、きれいなラウンジといったような勉強する上で役に立つ設備も充実していて、受験勉強する上で素晴らしい環境だったと思います。かなり有効活用させていただきました。僕が合格できたのは早稲田アカデミーのおかげだと思います。ありがとうございました。

東京大学［文科Ⅰ類］合格

早稲田大学［法学部］、明治大学［法学部］

米澤 友美子（私立桜蔭高校）

早稲アカに通い続けて

10年前、小学校2年生の冬。偶然家のポストに入っていた一通のダイレクトメールがきっかけで私は早稲田アカデミーに入塾しました。その後10年もの間早稲アカに通い続けることになろうとは当時は思いも寄りませんでした。東大を目指す、ということは長く苦しい戦いです。東大を諦めようと思うことが何度もありました。特に高1の時は数学は定期テストでも40点台、英語は教科書レベルの英文の読解にも四苦八苦、国語はまともに文字が読めないという状態で、とても東大に合格できる学力ではありませんでした。しかし、早稲アカの先生方の個性豊かでかつ受験という枠にとらわれない高度な授業、生徒一人一人に即した熱意あふれる学習指導のおかげでなんとか東大に合格にできる学力を身につけることができました。また、先生方がこまめに声をかけて下さったり、中学受験の時にお世話になった先生までもが応援して下さったりと精神的な面でも支えてもらいました。先生と生徒が一丸となって入試に臨める早稲アカだったからこそ、私は東大に合格することができました。小学校2年生の時、幼いながらに私の下した、早稲田アカデミーという選択の正しさは、10年の時を経て桜蔭、そして東大合格という形で証明されたと思います。

一橋大学［法学部］合格

慶應義塾大学［経済学部・商学部・総合政策学部］

林 遼太郎（私立駒場東邦高校）

サクセスで得たもの

僕は4年間サクセスに通っていました。小学校時代早稲アカに通っていたこともあり、友人や熱い先生方の雰囲気に自然と溶け込んでいきました。が、本当に受験を考えたのは高2の冬からで、ただ漠然と一橋大に入れればくらいにしか思っていませんでした。しかし、本格的に塾の自習室にも行くようになってからは、次第に受験を考えるようになっていました。サクセスは、大手塾とは違って、友人が作りやすく、互いに意識し合い、競い合える環境にあり、「自分もやらなきゃ」という危機感が芽生えるような環境です。だから、自然と高3にもなると、必死で勉強に取り組むことができるのだと思います。誰しも、自分の勉強に不安を抱くと思います。自分自身、そうした不安を経験しました。そんな時、僕を救ってくれたのは塾の方々でした。周りの人に話すことで気持ちが楽になったのです。そして、最後まで勉強に食らいつくべきだと思います。現役生は、年明けの直前期一気に伸びるというのは本当です。なので、試験当日まで諦めないで下さい。そして、本番は緊張するものです。僕は、センター前日から全く眠れず、という状態でした。しかし、そんな状態を楽しむことも、受験の一環です。周りを見て、「自分のほうができる」と言い聞かせるのも成功するための方法の一つです。また今まで一生懸命に勉強してきた自分を振り返るのも一つだと言えるでしょう。いずれにせよ、自分を信じ、試験開始直前まであがいてください。

早稲田大学［社会学部］合格

明治大学［商学部・政治経済学部］

郭 翔一（私立成城高校）

早稲アカ最高！！

私が早稲田アカデミーサクセス18に入塾したのは中学3年生の時です。当時はもちろん受験を意識することもなく、学校の定期試験の勉強すらまともにやらない状態でした。しかし、FITなどのサクセス18の充実したシステムにより、低学年のうちから学習習慣を身につけることができ、本格的に受験勉強をする前から学力の基盤を作ることができたのはよかったです。本格的に受験勉強を開始しようと考えた時、何をどのように勉強するか具体的な計画を自分では立てることはできませんでした。しかし、今年度から導入されたサクセスダイアリーを使用することにより、しだいに計画をたてることができるようになり、受験の直前期には効率的に時間を使うことができるようになっていました。そして何よりも受験勉強に逃げずに取り組むことができたのは先生達の熱い授業のおかげです。古居先生の厳しくも厳しいからこそやる気の出る授業や、幸長先生の数々の励ましの言葉や、新里先生の面白くも奥深い授業のおかげでモチベーションを保つことができました。また、ラウンジなどで塾の仲間達と励ましあうことにより、お互いに切磋琢磨し高めあうことができました。サクセス18の皆に支えられ、合格することができました。本当にありがとうございました。早稲田アカデミーサクセス18は最高！塾を選ぶ時にこの塾を選んだのは最良の選択でした！

高3対象

日曜特訓

志望校別対策コース

東大必勝コース　**一橋大必勝コース**　**東工大必勝コース**　**早慶大必勝コース**　**難関大必勝コース**

説明会＆選抜試験

8/23㊏・31㊐

※会場・時間等詳細はお問い合わせください。

エキスパート講師陣　少人数・学力別クラス　志望校別オリジナル教材　徹底した添削システム

【会場】▶ 東大必勝 御茶ノ水校　一橋大必勝 荻窪校　東工大必勝 渋谷校

早慶大必勝 池袋校・渋谷校・国分寺校　難関大必勝 池袋校・渋谷校・国分寺校

【料金】▶ 入塾金：10,800円（基本コース生は不要）

受講料：31,400円／ターム

池袋校	03-3986-7891	大泉学園校	03-5905-1911	調布校	042-482-0521	大宮校	048-641-4311
御茶ノ水校	03-5259-0361	荻窪校	03-3391-2011	たまプラーザ校	045-903-1811	所沢校	04-2926-2811
渋谷校	03-3406-6251	国分寺校	042-328-1941	新百合ヶ丘校	044-951-0511	志木校	048-476-4901

医歯薬専門予備校45年の伝統と実績

医学部完全合格135名!!

人数クラス授業　夜12:30まで学習講師がつきっきり指導

部内ホテル合宿 7/18㊏～8/13㊍ 高3対象

無料体験授業 6/22㊊～27㊏ 高1～高3 無料

医学部専門個別指導 Medical 1 メディカル・ワン

早稲田アカデミー 教育グループ

医歯薬専門予備校

野田クルゼ

〈御茶ノ水〉

資料請求・お問い合わせ・各種お申し込みはお気軽にこちらへ

現役校 Tel 03-3233-6911（代） Fax 03-3233-6922 受付時間 13:00～22:00

本　校 Tel 03-3233-7311（代） Fax 03-3233-7312 受付時間 9:00～18:00

野田クルゼの最新情報はホームページでもご確認いただけます。 野田クルゼ 検索

Success15

From Editors

志望校を決めるのは難しいものです。私も高校受験の際に、第1志望は決まっていましたが、第2志望を2つの学校の間でどうしようか、ずいぶん迷ったことを覚えています。その2つの学校は、学力レベル以上に学校の雰囲気などに大きな違いがありました。最終的にはそういった部分を中学生なりに考え、自分で決めました。第1志望の学校に合格できたので、その学校に入学することはありませんでしたが、もし通うことになっていたとしても、自分で選んだ学校だから後悔はしなかった気がします。みなさんにも、これからの高校受験に向けて悔いのない学校選びをしてほしいと思います。今号の特集がその一助になれば幸いです。(C)

7月号

Information

『サクセス15』は全国の書店にてお買い求めいただけますが、万が一、書店店頭に見当たらない場合は、書店にてご注文いただくか、弊社販売部、もしくはホームページ(下記)よりご注文ください。送料弊社負担にてお送りします。定期購読をご希望いただく場合も、上記と同様の方法でご連絡ください。

Opinion, Impression & etc

本誌をお読みになられてのご感想・ご意見・ご提言などがありましたら、ぜひ当編集室までお声をお寄せください。また、「こんな記事が読みたい」というご要望や、「こういうときはどうしたらいいの」といったご質問などもお待ちしております。今後の参考にさせていただきますので、よろしくお願いいたします。

サクセス編集室お問い合わせ先

TEL 03-5939-7928
FAX 03-5939-6014

高校受験ガイドブック2015⑦サクセス15

発行　2015年6月15日　初版第一刷発行
発行所　株式会社グローバル教育出版
〒101-0047 東京都千代田区内神田2-4-2
TEL　03-3253-5944
FAX　03-3253-5945
http://success.waseda-ac.net
e-mail　success15@g-ap.com
郵便振替　00130-3-779535
編集　サクセス編集室
編集協力　株式会社 早稲田アカデミー

Next Issue 8月号

Special 1

これでバッチリ!
夏休みの過ごし方

Special 2

作ってみよう
夏バテを防ぐ料理レシピ

SCHOOL EXPRESS

早稲田大学本庄高等学院

FOCUS ON

法政大学第二高等学校

※特集内容および掲載校は変更されることがあります